5年生の漢字 画数さくいん

数字はページを表します。

4 年生で習った漢字

4年生の漢字を部首別に分けています。
部首の読み方は、主なものを取り上げています。

人(ひと)以
亻(にんべん)位・億・健・候・佐・借・信・側・仲・低・伝・働・付・便・例
𠆢(ひとやね)倉・令
冫(にすい)冷
力(ちから)加・功・努・勇・労
十(じゅう)協・卒・博
口(くち・くちへん)各・器・司・周・唱
土(つち・つちへん)塩・埼・城
女(おんな・おんなへん)好・媛
子(こ・こへん)季・孫
山(やま)岡・岐・崎
彳(ぎょうにんべん)径・徒・徳
阝(こざとへん)隊・阪・陸
手(て)挙
扌(てへん)折
方(ほう・ほうへん)旗
日(ひ・ひへん)景・昨
木(き・きへん)案・栄・果・械・機・極・材・札・松・束・栃・梨・梅・標・末・未
歹(がつへん・かばねへん)残
水(みず・したみず)求
氵(さんずい)潟・泣・漁・治・滋・清・浅・沖・法・満・浴
火(ひ・ひへん)焼・灯
牜(うし・うしへん)特・牧
白(しろ・しろへん)的

示(しめす)票
ネ(しめすへん)祝
禾(のぎへん・のぎ)種・積
糸(いと・いとへん)給・結・縄・続・約
舟(ふね・ふねへん)航
言(いう・ごんべん)課・議・訓・試・説
車(くるま・くるまへん)軍・輪
金(かね・かねへん)鏡・録
青(あお・あおへん)静
食(しょく・しょくへん)飯・養
馬(うま・うまへん)験
刀(かたな)初
刂(りっとう)刷・副・別・利
卩(ふしづくり)印
阝(おおざと)郡
戈(ほこがまえ・ほこづくり)成・戦
攵(ぼくにょう)改・散・敗
斗(とます)料
欠(あくび)欠
艮(こん・ねづくり)良
見(みる)覚・観
辛(からい)辞
頁(おおがい)願・順・類
宀(うかんむり)害・完・官・察・富
⺍(つかんむり)巣・単
艹(くさかんむり)茨・英・芽・芸・菜
耂(おいかんむり・おいがしら)老
罒(あみがしら・よこめ)置

竹(たけかんむり)管・笑・節
儿(ひとあし・にんにょう)児・兆
夂(ふゆがしら・なつあし)変
心(こころ)愛・念・必
灬(れんが・れっか)熊・照・然・熱・無
广(まだれ)康・底・府
廴(えんにょう)建
辶(しんにゅう・しんにょう)選・達・辺・連
勹(つつみがまえ)包
囗(くにがまえ)固
行(いく・ゆきがまえ)街
門(もんがまえ)関
一(いち)不
亅(はねぼう)争
八(はち)共・典・兵
二(に)井
ム(む)参
大(だい)失・奈・夫
工(え)差
巾(はば)希・席・帯
曰(ひらび)最
月(つき)望
氏(うじ)氏・民
生(うまれる)産
目(め)省
立(たつへん)競
羊(ひつじ)群
衣(ころも)衣
西(にし)要
貝(かい)貨・賀
里(さと)量
臣(しん)臣
阜(おか・こざとへん)阜
飛(とぶ)飛
香(かおり)香
鹿(しか)鹿

1 永・久・句・弁・告

数字は、書き順。
「↓(矢印)」は、えん筆を進める向き。

1

① ゆびでなぞりましょう。

永 （はねる）

② 「永」を書きましょう。

水	5画

読み方：エイ　ながい

意味：・時間がいつまでも続く

③ □に「永」を書きましょう。

□《えい》遠《えん》。外国に□《えい》住《じゅう》する。

末《すえ》□《なが》い幸せ。

(死ぬ) □《なが》いねむりにつく。

2

① ゆびでなぞりましょう。

久

② 「久」を書きましょう。

ノ	3画

読み方：キュウ　(ク)　ひさしい

意味：・長い時間　・ものごとが長く変わらない

③ □に「久」を書きましょう。

永《えい》□《きゅう》。

□《ひさ》しぶりに会う。

3

① ゆびでなぞりましょう。

句 （はねる）

② 「句」を書きましょう。

口	5画

読み方：ク　――

意味：・文章などの中のひと区切り

③ □に「句」を書きましょう。

語《ご》□《く》。文《もん》□《く》を言う。

4

① ゆびでなぞりましょう。

弁

② 「弁」を書きましょう。

廾	5画

読み方：ベン　――

意味：・花びら　・役立てる　・申し開きをする

③ □に「弁」を書きましょう。

□《べん》当《とう》を食べる。

□《べん》護《ご》する。

5

① ゆびでなぞりましょう。

告 （長く）

② 「告」を書きましょう。

口	7画

読み方：コク　つげる

意味：・知らせる　・うったえる

③ □に「告」を書きましょう。

新聞広《こう》□《こく》。春を□《つ》げる。

(1～5は全部書いて20点)

月　日

名前

はじめ　時　分

終わり　時　分

かかった時間　分

とく点　点

6 ――の漢字の読みがなを書きましょう。（一つ4点）

① 文句（　）を言う。

② 友人を弁護（　ご　）する。

③ 永遠（　）の愛をちかう。

④ 久（　）しく会っていない。

⑤ 母が弁当（　）を作る。

⑥ 文章中の語句（　）。

⑦ 末永（　）い幸せをいのる。

⑧ 永久（　）歯《し》が生える。

⑨ 新商品の広告（　）。

⑩ 永（　）い年月がたつ。

7 □に漢字を、（　）に送りがなを書きましょう。（一つ4点）

① □護《べんご》士《し》になりたい。

② 弟の決まり文□《もんく》。

③ 末《すえ》□（い）《ながい》幸せを願う。

④ □（い）《ながい》ねむりにつく。

⑤ お昼の□当《べんとう》。

⑥ 六時を□（げる）《つげる》。

⑦ 語□《ごく》の意味を調べる。

⑧ □遠《えいえん》に変わらない友情《ゆうじょう》。

⑨ □（しく）《ひさしく》連らくがない。

⑩ □□《えいきゅう》に変わらないもの。

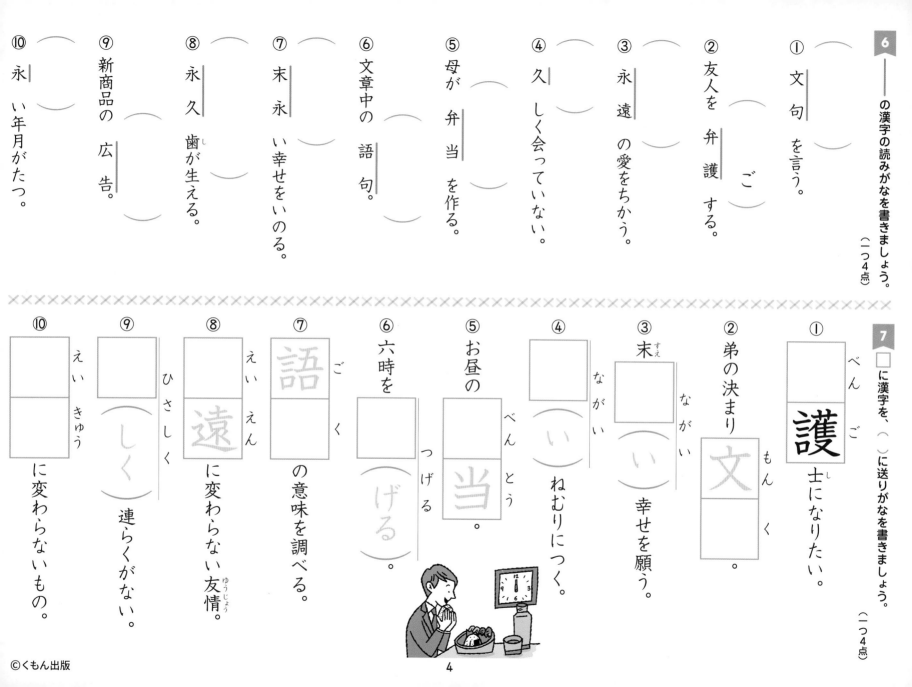

2 条・件・許・可・能

月　日
名前
はじめ　時　分
終わり　時　分
かかった時間　分
とく点　点

（1～5は全部書いて12点）

1

① ゆびでなぞりましょう。

条（はらう）

② 「条」を書きましょう。

7画	木

読み方：ジョウ

意味：
・すじみち
・書き分けたもの

③ □に「条」を書きましょう。

□《じょう》約《やく》を結ぶ。

□《じょう》件《けん》。

2

① ゆびでなぞりましょう。

件（出す・はらう）

② 「件」を書きましょう。

6画	イ

読み方：ケン

意味：
・ことがら
・ことがらを数えることば

③ □に「件」を書きましょう。

事《じ》□《けん》が起きる。

用《よう》□《けん》。

3

① ゆびでなぞりましょう。

許

② 「許」を書きましょう。

11画	言

読み方：キョ、ゆるす

意味：
・あやまちをゆるす
・聞き入れる

③ □に「許」を書きましょう。

通行を□《きょ》可《か》する。

特《とっ》□《きょ》。

先生の□《ゆる》しを得《え》る。心を□《ゆる》して話し合う。

4

① ゆびでなぞりましょう。

可（はねる）

② 「可」を書きましょう。

5画	口

読み方：カ

意味：
・よいとみとめてゆるす
・できる

③ □に「可」を書きましょう。

□《か》能《のう》。議案を□《か》決《けつ》する。

5

① ゆびでなぞりましょう。

能（右から・はねる）

② 「能」を書きましょう。

10画	月

読み方：ノウ

意味：
・ものごとをやりとげる力
・できる

③ □に「能」を書きましょう。

才《さい》□《のう》がある。

□《のう》力《りょく》。

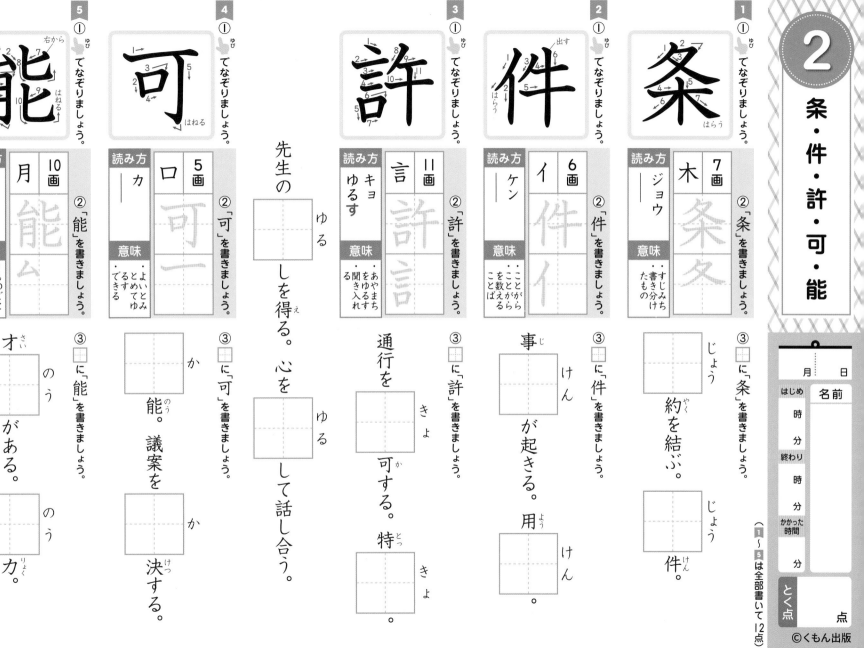

6 ——の漢字の読みがなを書きましょう。（一つ4点）

① 相手に用件を話す。
② 可能性《せい》がある。
③ 条約を結ぶ。
④ 条件付きで許す。
⑤ 能力をのばす。
⑥ 使用の許可を得《え》る。
⑦ 事件の原因《げんいん》を調べる。
⑧ 多数決で可決される。
⑨ ピアノの才能がある。
⑩ 入場を許される。

7 □に漢字を、（　）に送りがなを書きましょう。（一つ4点）

① すぐれた才□《さいのう》の持ち主。
② 自転車通学を□（される）《ゆるされる》。
③ □決《かけつ》された議案。
④ □□《じょうけん》付《つ》きで□（す）《ゆるす》。
⑤ 実現《じつげん》が□□《かのう》な計画。
⑥ 役所から□□《きょか》が下りる。
⑦ □約《じょうやく》を改正する。
⑧ 事□《じけん》が解決《かいけつ》する。
⑨ 運動□力《のうりょく》が高い。
⑩ 相手の用□《ようけん》を聞く。

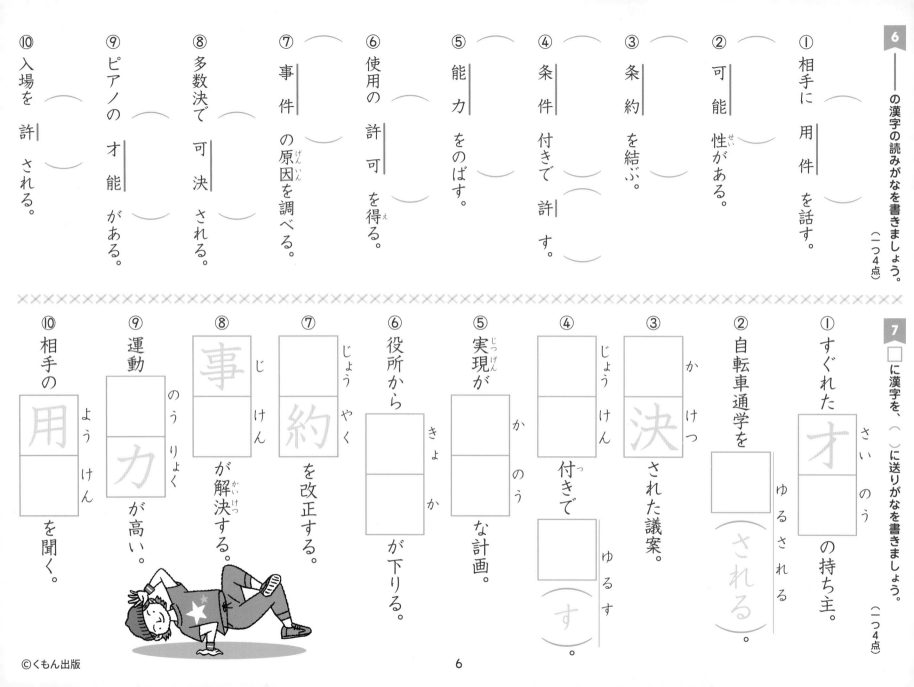

3 仏・任・仮・似・個

（1～5は全部書いて12点）

月	日
はじめ	時 分
終わり	時 分
かかった時間	分
名前	
とく点	点

1

① ゆびでなぞりましょう。

仏

② 「仏」を書きましょう。

イ　4画

読み方：ブツ　ほとけ

意味：・おしゃか様の教え、ほとけ　・フランス

③ □に「仏」を書きましょう。

□《ぶつ》像《ぞう》をおがむ。

□《ほとけ》様《さま》。

2

① ゆびでなぞりましょう。

任（短く）

② 「任」を書きましょう。

イ　6画

読み方：ニン　まか**せる**　まか**す**

意味：・役目　・まかせる

③ □に「任」を書きましょう。

責《せき》□《にん》がある。

□《にん》務《む》。

人に□《まか》せる。仕事を□《まか》される。

3

① ゆびでなぞりましょう。

仮（はらう）

② 「仮」を書きましょう。

イ　6画

読み方：カ　（ケ）　かり

意味：・一時のまにあわせ　・にせ

③ □に「仮」を書きましょう。

□《か》説《せつ》。

□《かり》のすがた。

4

① ゆびでなぞりましょう。

似（とめる）

② 「似」を書きましょう。

イ　7画

読み方：（ジ）　に**る**

意味：・にている

③ □に「似」を書きましょう。

顔が□《に》ている。

□《に》顔《がお》絵《え》。

5

① ゆびでなぞりましょう。

個

② 「個」を書きましょう。

イ　10画

読み方：コ　――

意味：・全体の中の一つ　・数えることば

③ □に「個」を書きましょう。

三《さん》□《こ》のボール。

□《こ》人《じん》。

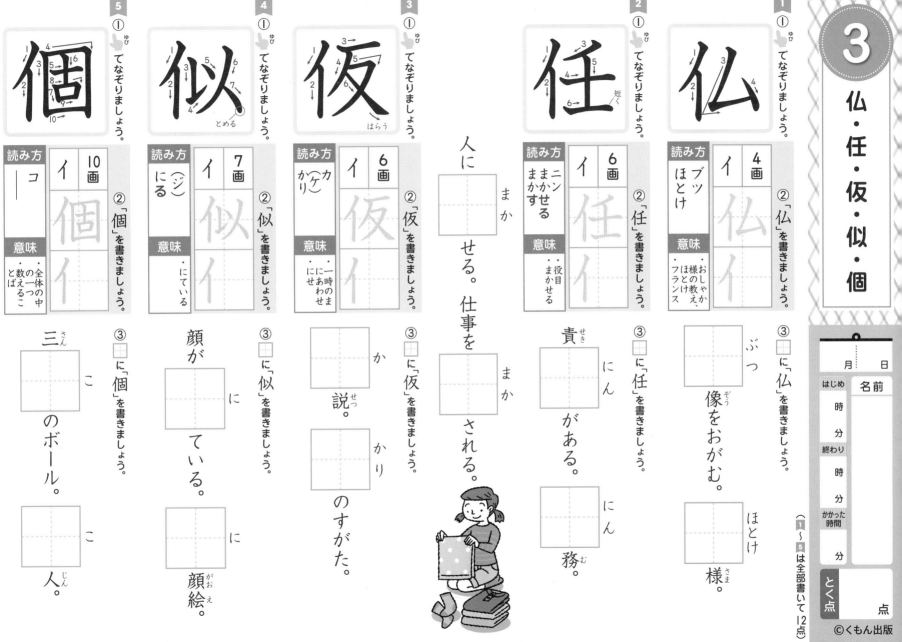

6 ——の漢字の読みがなを書きましょう。（一つ4点）

① 仮説（　　）を立てる。

② 似顔絵（　　）をかく。

③ 責任（せき　）のある任務（　む）。

④ 個人（　　）戦《せん》に出る。

⑤ 仮（　　）の名前。

⑥ 学級委員を任（　　）せる。

⑦ りんごを五《ご》個（　　）買う。

⑧ 仏様（　　）のような広い心。

⑨ よく似（　　）た色の服。

⑩ やさしい顔の仏像（　ぞう）。

7 □に漢字を、（　）に送りがなを書きましょう。（一つ4点）

① 仕事を□（せる）《まかせる》。

② □人《こじん》で練習をする。

③ 一年間の□《かり》住《ず》まい。

④ 木ぼりの□像《ぶつぞう》。

⑤ よく□《に》た人を見かける。

⑥ 三《さん》□《こ》のテニスボール。

⑦ 責□《せきにん》重大な□務《にんむ》。

⑧ 実験の前に□説《かせつ》を立てる。

⑨ 母の□顔絵《にがおえ》をかく。

⑩ □様《ほとけさま》の顔をおがむ。

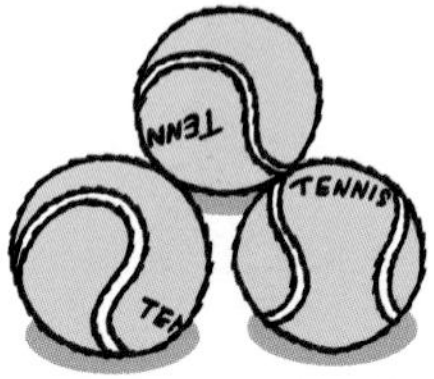

4 確認《かくにん》ドリル①

1 ―の漢字の読みがなを書きましょう。（一つ2点）

① 永遠に愛する。

② 可決された議案。

③ 早起きして弁当を作る。

④ 条件を提示《ていじ》する。

⑤ 語句の意味。

⑥ 能力が高い。

⑦ 似顔絵。

⑧ 個人行動。

⑨ 用件を言う。

⑩ 新聞の広告。

2 ―の漢字の読みがなを書きましょう。（一つ3点）

①
お寺の仏像《ぞう》。
仏様に手を合わせる。

②
責《せき》任の重い仕事。
多くの仕事を任される。

③
役所の許可をとる。
許しを求める。

④
仮説を発表する。
仮の話をする。

月　日

はじめ　時　分

終わり　時　分

かかった時間　分

名前

とく点　点

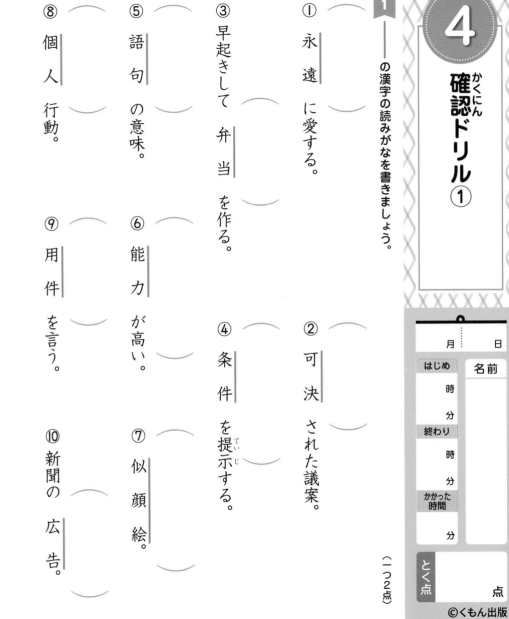

3 □に漢字を書きましょう。（一つ4点）

① 五《ご》□《こ》のボール。

② 外国と□《じょう》□《やく》を結ぶ。

③ □《べん》護《ご》士《し》になるのが夢《ゆめ》だ。

④ 重要な□《にん》務《む》につく。

⑤ 逆転《ぎゃくてん》できる□《か》□《のう》性《せい》。

⑥ □《えい》□《きゅう》にわすれない。

⑦ □《こう》□《こく》のちらし。

⑧ むずかしい□《じ》□《けん》。

⑨ 使用□《きょ》□《か》を得《え》る。

⑩ よく□《に》た形のバッグ。

4 ――のことばを漢字と送りがなで書きましょう。（一つ4点）

① 妹のいたずらを<u>ゆるす</u>。

□

② 買い物を<u>まかせる</u>。

□

③ 会わなくなって<u>ひさしい</u>。

□

④ 末《すえ》<u>ながい</u>幸せを願う。

□

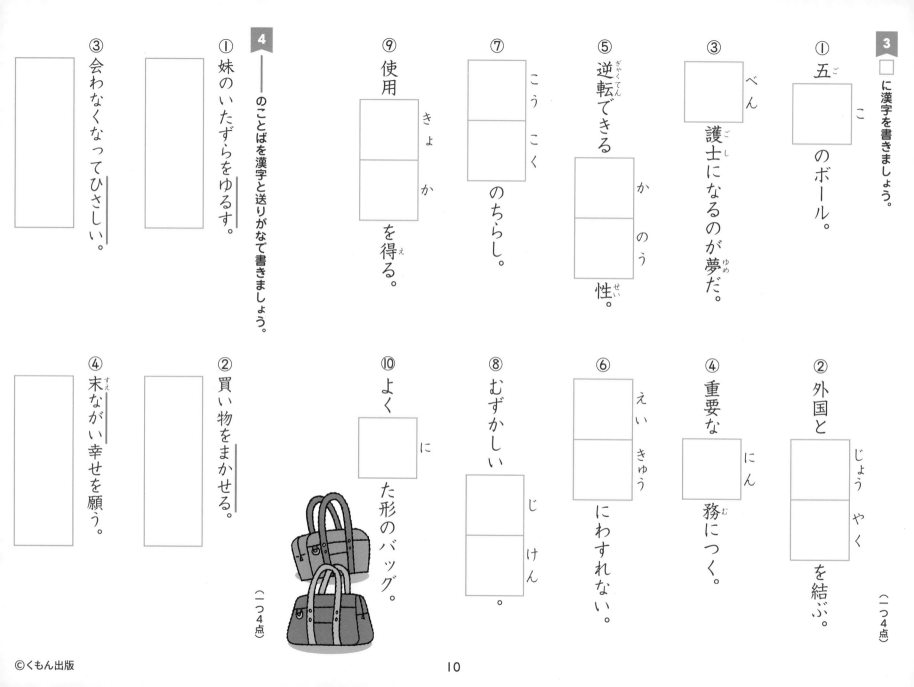

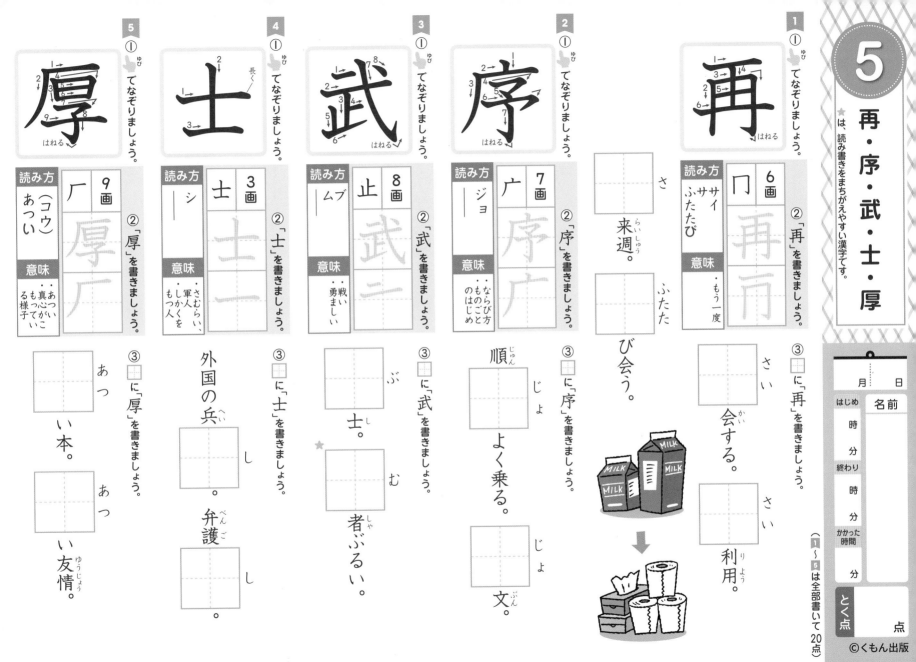

5 再・序・武・士・厚

★は、読み書きをまちがえやすい漢字です。

月　日

名前

はじめ　時　分

終わり　時　分

かかった時間　分

とく点　点

（1～5は全部書いて20点）

1

① でなぞりましょう。

再（はねる）

② 「再」を書きましょう。

6画　冂

読み方：サイ　サ　ふたたび

意味：・もう一度

③ □に「再」を書きましょう。

□《さい》会《かい》する。

□《さい》利用《りよう》。

□《さ》来週《らいしゅう》。

□《ふたた》び会う。

2

① でなぞりましょう。

序（はねる）

② 「序」を書きましょう。

7画　广

読み方：ジョ　―

意味：・ならび方　・ものごとのはじめ

③ □に「序」を書きましょう。

順《じゅん》□《じょ》よく乗る。

□《じょ》文《ぶん》。

3

① でなぞりましょう。

武（はねる）

② 「武」を書きましょう。

8画　止

読み方：ブ　ム　―

意味：・戦い　・勇ましい

③ □に「武」を書きましょう。

□《ぶ》士《し》。

★□《む》者《しゃ》ぶるい。

4

① でなぞりましょう。

士（長く）

② 「士」を書きましょう。

3画　士

読み方：シ　―

意味：・さむらい、軍人　・しかくをもつ人

③ □に「士」を書きましょう。

外国の兵《へい》□《し》。

弁護《べんご》□《し》。

5

① でなぞりましょう。

厚（はねる）

② 「厚」を書きましょう。

9画　厂

読み方：（コウ）　あつい

意味：・あつい　・真心がこもっている様子

③ □に「厚」を書きましょう。

□《あつ》い本。

□《あつ》い友情《ゆうじょう》。

6 ―の漢字の読みがなを書きましょう。（一つ4点）

① 友人に再（　）び会う。

② ★武者（　）ぶるい。

③ 勇ましい兵士（　）。

④ 感動的な再会（　）の場面。

⑤ 厚（　）い本を読む。

⑥ 順序（　）正しい説明。

⑦ 弁護士（　）になる。

⑧ 人情《にんじょう》に厚（　）い人。

⑨ 江戸《えど》時代の武士（　）。

⑩ 再来週（　）の予定。

7 □に漢字を、（　）に送りがなを書きましょう。（一つ4点）

① 順□《じゅんじょ》よくならぶ。

② 外国の兵□《へいし》。

③ 刀を差した□□《ぶし》。

④ □《あつ》（い）友情《ゆうじょう》に感謝《かんしゃ》する。

⑤ 友人と□会《さいかい》する。

⑥ 弁護□《べんごし》に相談する。

⑦ ★□者《むしゃ》修行《しゅぎょう》の旅に出る。

⑧ □《ふたた》（び）優勝《ゆうしょう》する。

⑨ □来週《さらいしゅう》の日曜日。

⑩ □《あつ》（い）百科事典。

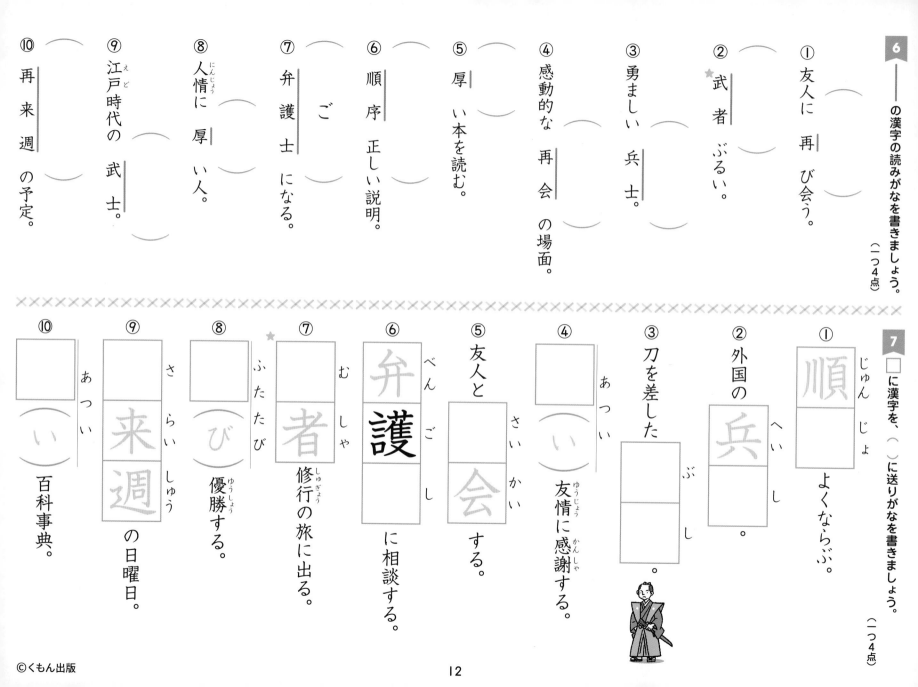

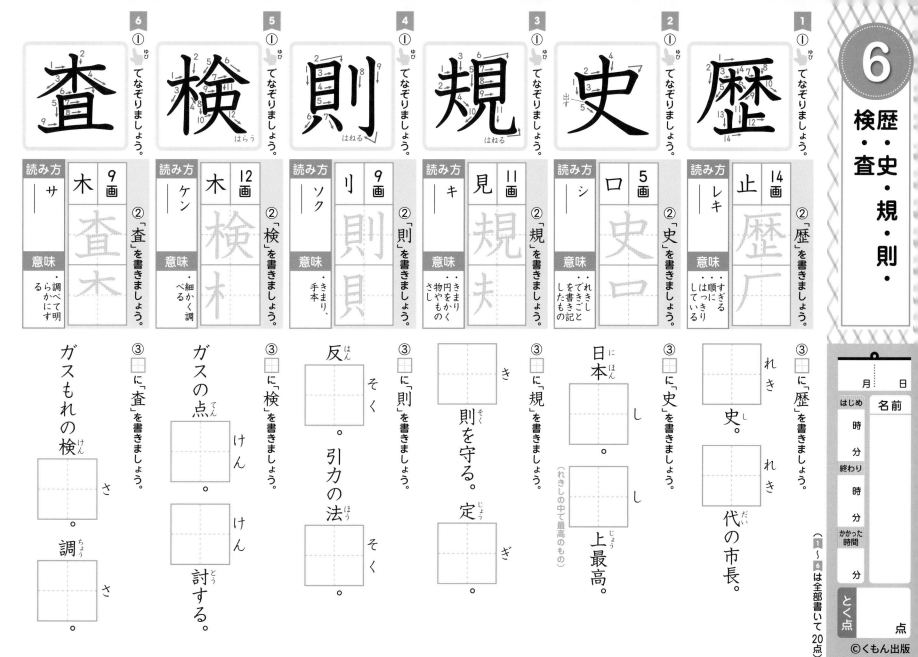

6 歴・史・規・則・検・査

1

①ゆびでなぞりましょう。

歴

②「歴」を書きましょう。

14画	止

読み方：レキ

意味：・すぎる ・順に ・はっきりしている

③□に「歴」を書きましょう。

□《れき》史《し》。

□《れき》代《だい》の市長。

2

①ゆびでなぞりましょう。

史（出す）

②「史」を書きましょう。

5画	口

読み方：シ

意味：・れきし ・できごとを書き記したもの

③□に「史」を書きましょう。

日本《にほん》□《し》。

□《し》上《じょう》最高。

（れきしの中で最高のもの）

3

①ゆびでなぞりましょう。

規（はねる）

②「規」を書きましょう。

11画	見

読み方：キ

意味：・きまり ・円をかく物やものさし

③□に「規」を書きましょう。

□《き》則《そく》を守る。

定《じょう》□《ぎ》。

4

①ゆびでなぞりましょう。

則（はねる）

②「則」を書きましょう。

9画	刂

読み方：ソク

意味：・きまり、手本

③□に「則」を書きましょう。

反《はん》□《そく》。

引力の法《ほう》□《そく》。

5

①ゆびでなぞりましょう。

検（はらう）

②「検」を書きましょう。

12画	木

読み方：ケン

意味：・細かく調べる

③□に「検」を書きましょう。

ガスの点《てん》□《けん》。

□《けん》討《とう》する。

6

①ゆびでなぞりましょう。

査

②「査」を書きましょう。

9画	木

読み方：サ

意味：・調べて明らかにする

③□に「査」を書きましょう。

ガスもれの検《けん》□《さ》。

調《ちょう》□《さ》。

（1～6は全部書いて20点）

月　日

はじめ　時　分

終わり　時　分

かかった時間　分

名前

とく点　点

7 ――の漢字の読みがなを書きましょう。（一つ4点）

① 日本史（　　）を学ぶ。

② 選手が反則（　　）をする。

③ 定規（　　）で長さを測《はか》る。

④ タイヤを点検（　　）する。

⑤ 水質《すいしつ》を調査（　　）する。

⑥ きびしい規則（　　）。

⑦ 日本の歴史（　　）。

⑧ 検査（　　）の結果。

⑨ よく検討（　　）（とう）して決める。

⑩ 歴代（　　）の選手。

8 □に漢字を書きましょう。（一つ4点）

① 【反】【　】（はんそく）した選手が退場《たいじょう》する。

② ガスの【点】【　】（てんけん）をする。

③ 日本《にほん》【　】（し）に登場する人物。

④ 【　】【代】（れきだい）の社長。

⑤ 血液《けつえき》を【　】【　】（けんさ）する。

⑥ 【　】【　】（れきし）的《てき》な事けん。

⑦ 【調】【　】（ちょうさ）にかかる時間。

⑧ 三角【定】【　】（じょうぎ）。

注意 ここでは「木」を使わないで書く。

⑨ 【　】【　】（きそく）正しい生活。

⑩ 問題点を【　】【討】（けんとう）する。

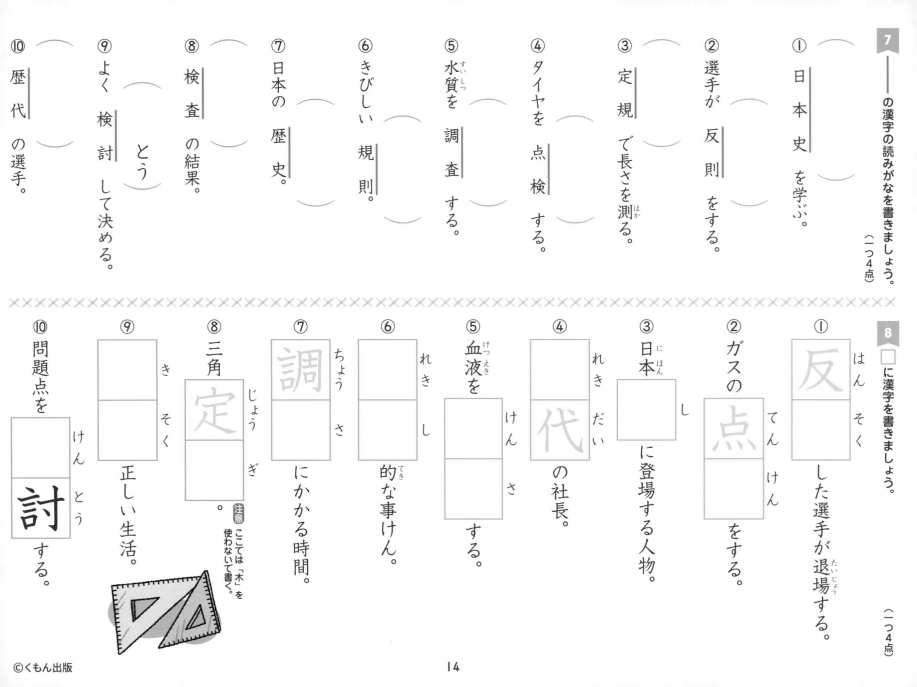

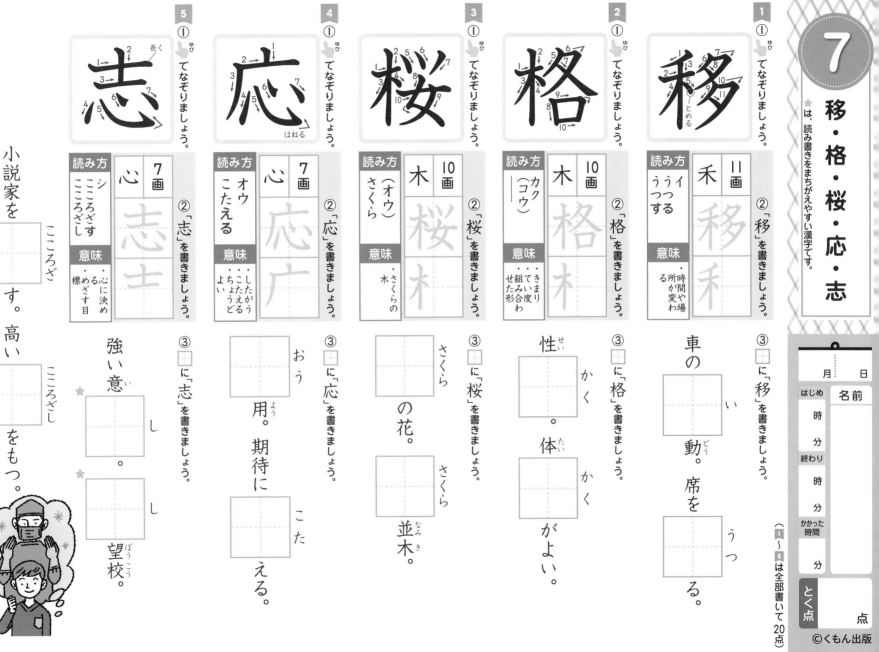

7 移・格・桜・応・志

★は、読み書きをまちがえやすい漢字です。

月　日	名前
はじめ　時　分	
終わり　時　分	
かかった時間　分	
とく点　点	

（1～5は全部書いて20点）

1

① ゆびでなぞりましょう。

移（とめる）

読み方	画数	部首
イ うつる うつす	11画	禾

意味：・時間や場所が変わる

② 「移」を書きましょう。

③ □に「移」を書きましょう。

車の□《い》動。席を□《うつ》る。

2

① ゆびでなぞりましょう。

格

読み方	画数	部首
カク （コウ） ―	10画	木

意味：・きまり　・てい度　・組み合わせた形

② 「格」を書きましょう。

③ □に「格」を書きましょう。

性《せい》□《かく》。体《たい》□《かく》がよい。

3

① ゆびでなぞりましょう。

桜

読み方	画数	部首
（オウ） さくら	10画	木

意味：・さくらの木

② 「桜」を書きましょう。

③ □に「桜」を書きましょう。

□《さくら》の花。□《さくら》並木《なみき》。

4

① ゆびでなぞりましょう。

応（はねる）

読み方	画数	部首
オウ こたえる	7画	心

意味：・したがう　・こたえる　・ちょうどよい

② 「応」を書きましょう。

③ □に「応」を書きましょう。

□《おう》用《よう》。期待に□《こた》える。

5

① ゆびでなぞりましょう。

志（長く）

読み方	画数	部首
シ こころざす こころざし	7画	心

意味：・心に決める　・めざす目標

② 「志」を書きましょう。

③ □に「志」を書きましょう。

強い意《い》★□《し》。★□《し》望校《ぼうこう》。

小説家を□《こころざ》す。高い□《こころざし》をもつ。

6 ――の漢字の読みがなを書きましょう。（一つ4点）

① 志（　　）をつらぬく。

② 算数の応用（　　）問題。

③ 桜（　　）並木《なみき》の道を歩く。

④ 人に好かれる性格（せい　）。

⑤ 場所を移動（　　）する。

⑥ 強い★意志（　　）がある。

⑦ がっしりした体格（　　）。

⑧ 家具をかべ側に移（　　）す。

⑨ 寒さが身に応（　　）える。

⑩ 歌手を志（　　）す。

7 □に漢字を、（　）に送りがなを書きましょう。（一つ4点）

① りっぱな［体］［　］（たいかく）。

② ［　］［動］（いどう）図書館の車。

③ ［　］（こころざし）の高い人。

④ 期待に［　］（える）（こたえる）。

⑤ 席を前方に［　］（す）（うつす）。

⑥ 美しい［　］（さくら）の花。

⑦ あの人は明るい［性］［　］（せいかく）だ。

⑧ ［意］［　］（いし）の強い人。

⑨ 技術《ぎじゅつ》を★［　］［用］（おうよう）する。

⑩ 画家を［　］（す）（こころざす）。

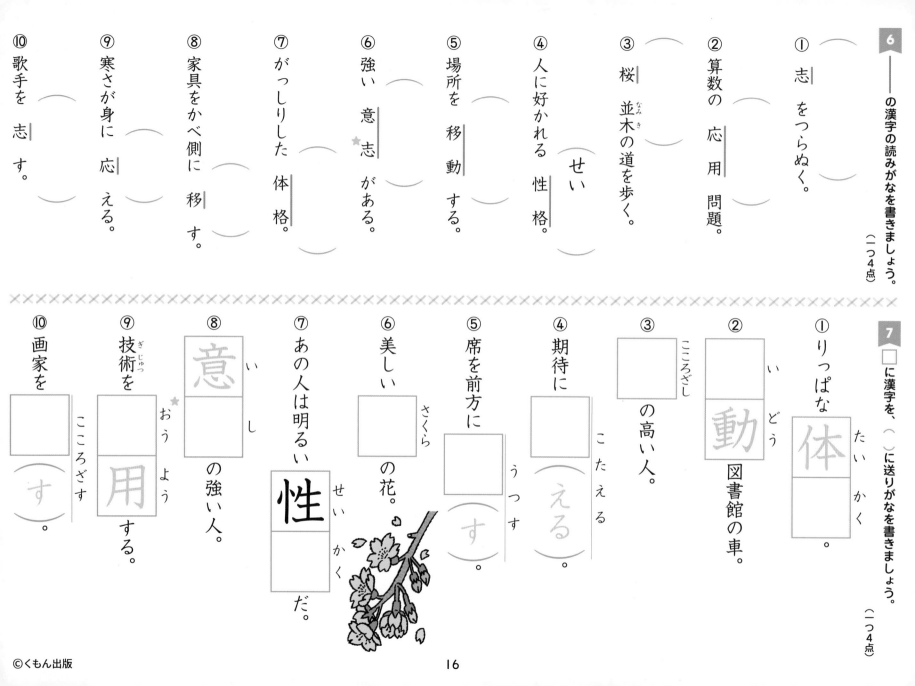

8 確認《かくにん》ドリル②

★は、読み書きをまちがえやすい漢字です。

月　日

はじめ　時　分
終わり　時　分
かかった時間　分

名前

とく点　点

1 ―の漢字の読みがなを書きましょう。（一つ2点）

① 桜の花がさく。

② ★武者人形。

③ 行進する兵士。

④ 反則をとられる。

⑤ 機械の点検をする。

⑥ 人情《にんじょう》に厚い。

⑦ 歴史に残る事件《じけん》。

⑧ 体格がよい。

⑨ 三角定規。

⑩ 序文を読む。

2 ―の漢字の読みがなを書きましょう。（一つ3点）

①
応用問題。
期待に応える。

②
教室を移動する。
春から夏へ季節が移る。

③
強い意★志がある。
大きな志をもつ。

④
練習を再開する。
再来週の予定。

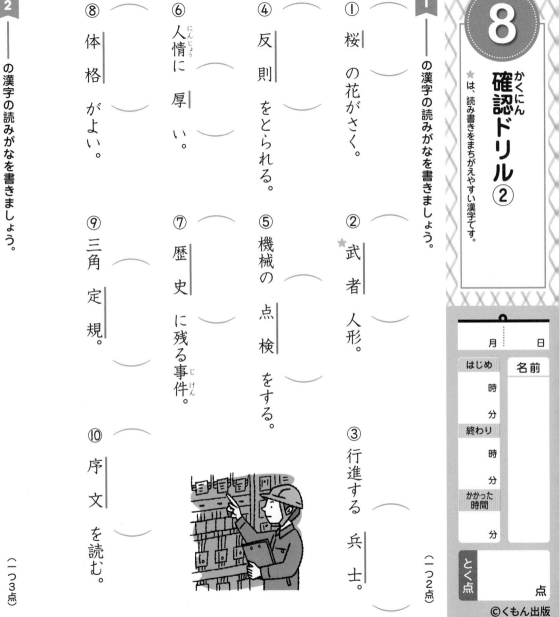

3 □に漢字を書きましょう。

（一つ4点）

① □□《きそく》にしたがう。

② □《さくら》の花が散る。

③ 鎌倉《かまくら》時代の□□《ぶし》。

④ □□《じゅんじょ》よくならぶ。

⑤ 建物を□□《けんさ》する。

⑥ 基《き》本《ほん》と□□《おうよう》。

⑦ □□《しぼう》校《こう》を変える。

⑧ 陽気な性《せい》□《かく》の人。

⑨ □□□《にほんし》を学ぶ。

4 ――のことばを漢字と送りがなで書きましょう。

（一つ4点）

① 席を前方に<u>うつす</u>。 □

② 医者を<u>こころざす</u>。 □

③ <u>ふたたび</u>めぐり会う。 □

④ <u>ぶあつい</u>上着を着る。 □

⑤ 声《せい》えんに<u>こたえる</u>。 □

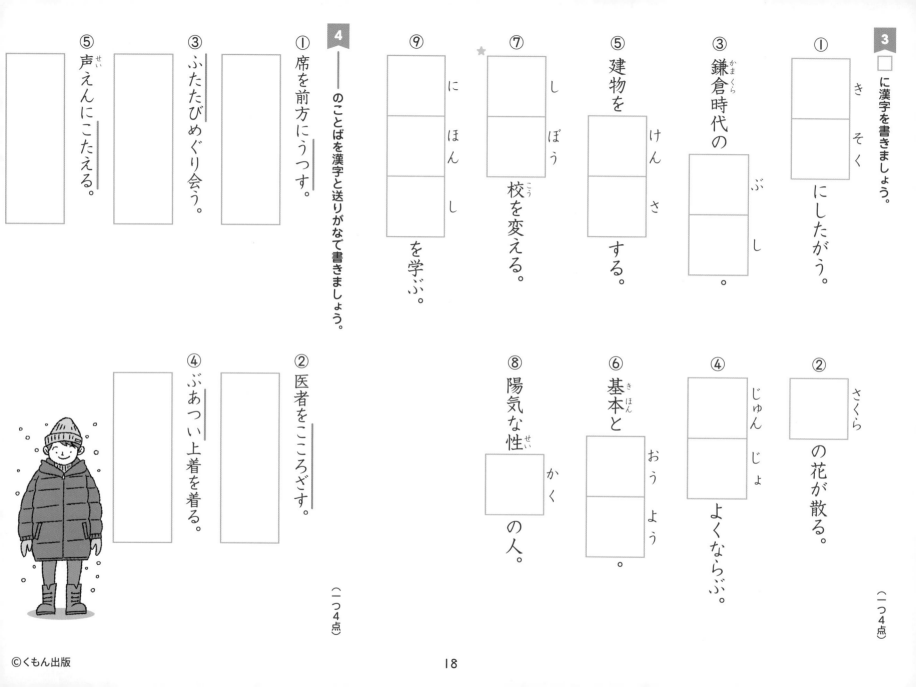

9 因・団・囲・故・政・張

1

① ゆびでなぞりましょう。

因

② 「因」を書きましょう。

口 6画

読み方：イン (よる)

意味：・ものごとの起こるもと

③ □に「因」を書きましょう。

原《げん》□《いん》を調べる。

敗《はい》□《いん》。

2

① ゆびでなぞりましょう。

団

② 「団」を書きましょう。

口 6画

読み方：ダン (トン)

意味：・人やものの集まり

③ □に「団」を書きましょう。

□《だん》体《たい》。

集《しゅう》□《だん》で行動する。

3

① ゆびでなぞりましょう。

囲

② 「囲」を書きましょう。

口 7画

読み方：イ かこむ かこう

意味：・かこむ ・かこい ・まわり

③ □に「囲」を書きましょう。

周《しゅう》□《い》。

周りを□《かこ》む。

4

① ゆびでなぞりましょう。

故

はらう

② 「故」を書きましょう。

攵 9画

読み方：コ (ゆえ)

意味：・昔からのこと ・ふつうでないできごと ・わざと

③ □に「故」を書きましょう。

交通事《こうつうじ》□《こ》。

□《こ》郷《きょう》。

5

① ゆびでなぞりましょう。

政

右上へ

② 「政」を書きましょう。

攵 9画

読み方：セイ (ショウ) (まつりごと)

意味：・世の中をおさめること ・整える

③ □に「政」を書きましょう。

□《せい》治《じ》。

□《せい》府《ふ》。

6

① ゆびでなぞりましょう。

張

はねる

② 「張」を書きましょう。

弓 11画

読み方：チョウ はる

意味：・ひっぱってのばす ・大きく広げる

③ □に「張」を書きましょう。

主《しゅ》□《ちょう》する。

糸を□《は》る。

（1～6は全部書いて20点）

月　日

名前

はじめ　時　分

終わり　時　分

かかった時間　分

とく点　点

7 ――の漢字の読みがなを書きましょう。（一つ4点）

① 池の周囲（　）を歩く。

② テーブルを囲（　）む。

③ 失敗の原因（　）を調べる。

④ 集団（　）で生活する動物。

⑤ 敗因（　）がいくつかある。

⑥ 交通事故（　）が減《へ》る。

⑦ 団体（　）で行動する。

⑧ 意見を主張（　）する。

⑨ 日本政府（　）の外交。

⑩ テントを張（　）る。

8 □に漢字を、（　）に送りがなを書きましょう。（一つ4点）

① ［原］［　］《げんいん》と結果。

② 木の根が［　］《は》る。

③ ［　］［体］《だんたい》で旅行する。

④ ［周］［　］《しゅうい》を見わたす。

⑤ 江戸幕府《えどばくふ》の［　］［治］《せいじ》。

⑥ 交通［事］［　］《じこ》を防止《ぼうし》する。

⑦ 強く［主］［　］《しゅちょう》する。

⑧ 答えを［　］（む）《かこむ》。

⑨ ［集］［　］《しゅうだん》で地域《ちいき》を警備《けいび》する。

⑩ ［　］郷《こきょう》に帰る人。

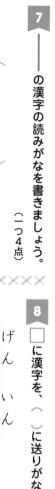

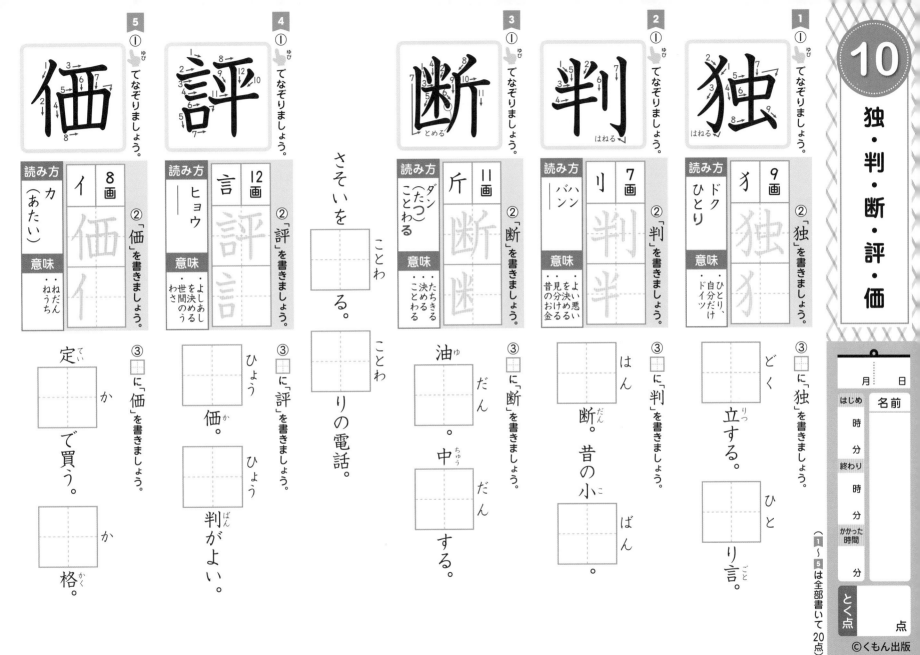

10 独・判・断・評・価

1

①👆《ゆび》でなぞりましょう。

独（9画）　はねる

②「独」を書きましょう。

部首	画数
犭	9画

読み方：ドク　ひとり

意味：・ひとり、自分だけ　・ドイツ

③□に「独」を書きましょう。

□《どく》立《りつ》する。

□《ひと》り言《ごと》。

2

①👆《ゆび》でなぞりましょう。

判（7画）　はねる

②「判」を書きましょう。

部首	画数
刂	7画

読み方：ハン　バン

意味：・よい悪いを決める　・見分ける　・昔のお金

③□に「判」を書きましょう。

□《はん》断《だん》。

昔の小《こ》□《ばん》。

3

①👆《ゆび》でなぞりましょう。

断（11画）　とめる

②「断」を書きましょう。

部首	画数
斤	11画

読み方：ダン　(たつ)　ことわる

意味：・たちきる　・決める　・ことわる

③□に「断」を書きましょう。

油《ゆ》□《だん》。

中《ちゅう》□《だん》する。

さそいを□《ことわ》る。

□《ことわ》りの電話。

4

①👆《ゆび》でなぞりましょう。

評（12画）

②「評」を書きましょう。

部首	画数
言	12画

読み方：ヒョウ

意味：・よしあしを決める　・世間のうわさ

③□に「評」を書きましょう。

□《ひょう》価《か》。

□《ひょう》判《ばん》がよい。

5

①👆《ゆび》でなぞりましょう。

価（8画）

②「価」を書きましょう。

部首	画数
亻	8画

読み方：カ　(あたい)

意味：・ねだん　・ねうち

③□に「価」を書きましょう。

定《てい》□《か》で買う。

□《か》格《かく》。

（1～5は全部書いて20点）

月　日

はじめ　時　分

終わり　時　分

かかった時間　分

名前

とく点　点

6 ――の漢字の読みがなを書きましょう。（一つ4点）

① 小判（　）の形。

② さそいを断（　）る。

③ 独（　）り言《ごと》を言う。

④ 正しく評価（　）する。

⑤ 価格（　）を表示《ひょうじ》する。

⑥ 親から独立（　）する。

⑦ 最後まで油断（　）しない。

⑧ 評判（　）のよい映画《えいが》。

⑨ 本を定価（　）で買う。

⑩ 判断（　）に迷《まよ》う。

7 □に漢字を、（　）に送りがなを書きましょう。（一つ4点）

① 油□《ゆだん》して負ける。

② 商品の定□《ていか》。

③ 高い□□《ひょうか》を受ける。

④ たのみを□（る）《ことわる》。

⑤ 国が□立《どくりつ》する。

⑥ 石油の□格《かかく》が変動する。

⑦ 小□《こばん》が見つかる。

⑧ 友人の□□《はんだん》にしたがう。

⑨ 母の□（り）《ひとり》言《ごと》。

⑩ □□《ひょうばん》のよい店。

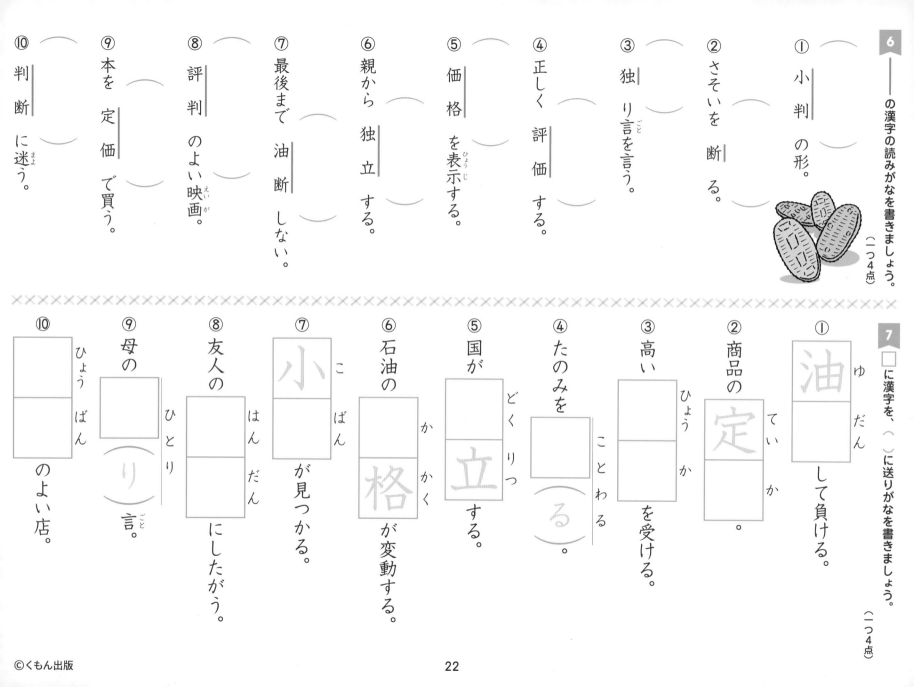

11 刊・制・圧・在・型

★は、読み書きをまちがえやすい漢字です。

月　日

はじめ　時　分
終わり　時　分
かかった時間　分

名前

とく点　点

（1～5は全部書いて20点）

1

① ゆび でなぞりましょう。

刊（はねる）

② 「刊」を書きましょう。

部首	画数
リ	5画

読み方：カン
意味：・本などを印刷して出す

③ □に「刊」を書きましょう。

週《しゅう》□《かん》誌《し》。
新聞の朝《ちょう》□《かん》。

2

① ゆび でなぞりましょう。

制

② 「制」を書きましょう。

部首	画数
リ	8画

読み方：セイ
意味：・とり決め ・おさえる ・作る

③ □に「制」を書きましょう。

★□《せい》限《げん》。
学校の★□《せい》服《ふく》。

3

① ゆび でなぞりましょう。

圧

② 「圧」を書きましょう。

部首	画数
土	5画

読み方：アツ
意味：・おさえつける ・おす力

③ □に「圧」を書きましょう。

□《あつ》力《りょく》。
水《すい》□《あつ》。

4

① ゆび でなぞりましょう。

在

② 「在」を書きましょう。

部首	画数
土	6画

読み方：ザイ　ある
意味：・物がある ・人がいる

③ □に「在」を書きましょう。

過去《かこ》と現《げん》□《ざい》。
□《ざい》校生《こうせい》。
政治《せいじ》の□《あ》り方《かた》。
□《あ》りし日《ひ》の思い出。

5

① ゆび でなぞりましょう。

型（はねる）

② 「型」を書きましょう。

部首	画数
土	9画

読み方：ケイ　かた
意味：・もとになる形 ・決まった形や大きさ

③ □に「型」を書きましょう。

模《も》□《けい》飛行機。
大《おお》□《がた》。

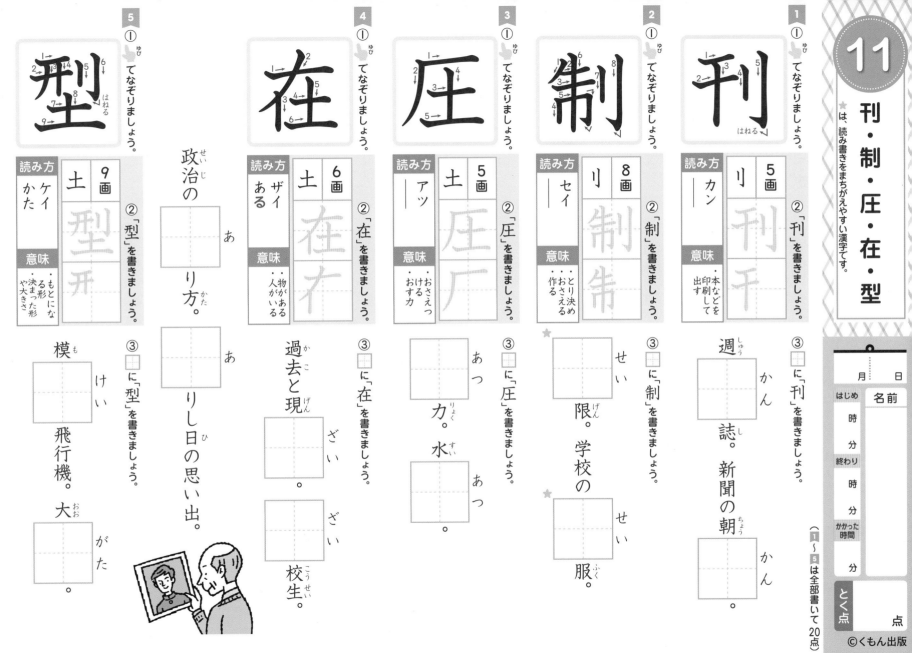

6 ——の漢字の読みがなを書きましょう。（一つ4点）

① 大型の自動車。（　　）

② 中学校の☆制服。（　　）

③ 圧力がかかる。（　　）

④ 朝刊一面のニュース。（　　）

⑤ 車の☆制限速度。（げん）

⑥ 水圧にたえる。（　　）

⑦ 週刊誌《し》を買う。（　　）

⑧ 医学の在り方《かた》。（　　）

⑨ 模《も》型の飛行機。（　　）

⑩ 現在の気温。（げん）

7 □に漢字を書きましょう。（一つ4点）

① 上級生としての□《あ》り方《かた》。

② 外国からの□力《あつりょく》。

③ 大□《おおがた》の新人。

④ 父が朝□《ちょうかん》を読む。

⑤ 人数が☆□限《せいげん》される。

⑥ まん画の週□《しゅうかん》誌《し》。

⑦ 深海での水□《すいあつ》を測《はか》る。

⑧ 飛行機の模《も》□《けい》。

⑨ 現□《げんざい》上映中《じょうえいちゅう》の映画《えいが》。

⑩ 消防士《しょうぼうし》の☆□服《せいふく》。

12 確認《かくにん》ドリル③

★は、読み書きをまちがえやすい漢字です。

月　日

はじめ　時　分
終わり　時　分
かかった時間　分

名前

とく点　点

1 ——の漢字の読みがなを書きましょう。（一つ3点）

① 評価を下す。

② 周囲を見る。

③ 適切《てきせつ》な判断。

④ 朝刊のニュース。

⑤ 集団で行動する。

⑥ アメリカ政府。

⑦ 不調の原因。

⑧ 独り言《ごと》。

⑨ 会社の★制服。

⑩ 父の故郷《きょう》に行く。

2 ——の漢字の読みがなを書きましょう。（一つ3点）

①
大型のバス。
模《も》型の飛行機。

②
油断して負ける。
さそいを断る。

③
政治《せいじ》の在り方《かた》。
現《げん》在の状《じょう》きょう。

④
強く主張する。
木の根が張る。

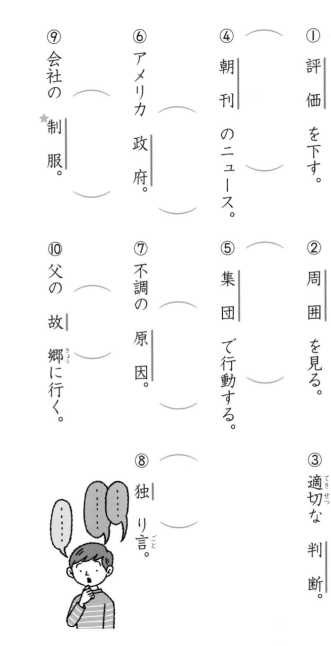

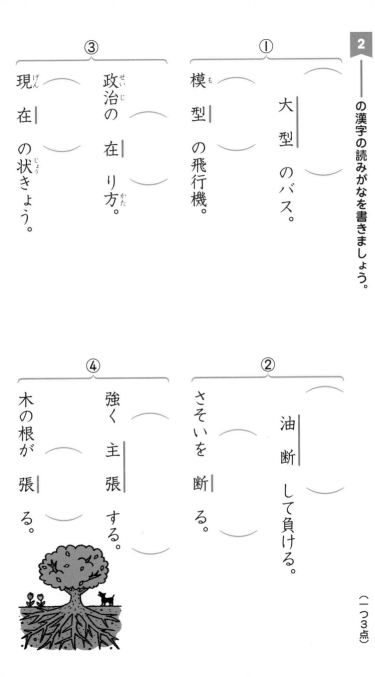

3 □に漢字を書きましょう。（一つ3点）

① □□《おおがた》のバス。

② 試合の□□《はいいん》。

③ 交通□□《じこ》を防《ふせ》ぐ。

④ □□《ひょうばん》を気にする。

⑤ 車の□《せい》限《げん》速度。

⑥ □□《しゅうかん》誌《し》を買う。

⑦ □□《せいじ》家《か》の演説《えんぜつ》。

⑧ プールの底の□□《すいあつ》。

⑨ みんなでテントを□《は》る。

⑩ ボランティアの□□《だんたい》。

⑪ 商品の□□《かかく》。

⑫ 高学年としての□《あ》り方《かた》。

4 ――のことばを漢字と送りがなで書きましょう。（一つ5点）

① 遊びのさそいを<u>ことわる</u>。 □

② 家をへいで<u>かこむ</u>。 □

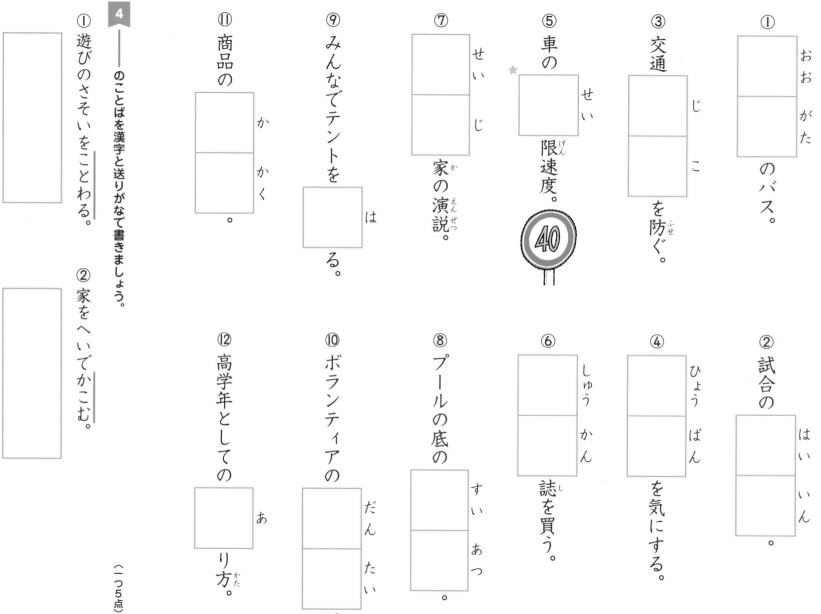

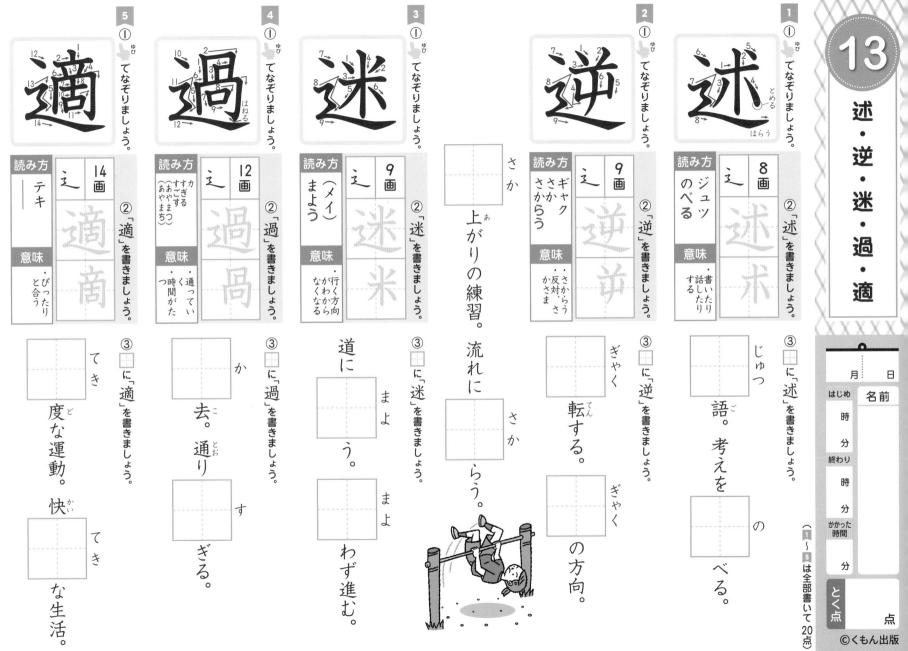

13 述・逆・迷・過・適

月　日

名前

はじめ　時　分

終わり　時　分

かかった時間　分

とく点　点

（1～5は全部書いて20点）

1

① ゆびでなぞりましょう。

述（とめる・はらう）

② 「述」を書きましょう。

辶　8画

読み方：ジュツ／のべる

意味：・書いたり話したりする

③ □に「述」を書きましょう。

□《じゅつ》語《ご》。考えを□《の》べる。

2

① ゆびでなぞりましょう。

逆

② 「逆」を書きましょう。

辶　9画

読み方：ギャク／さか／さからう

意味：・さからう　・反対、さかさま

③ □に「逆」を書きましょう。

□《ぎゃく》転《てん》する。□《ぎゃく》の方向。

□《さか》上《あ》がりの練習。流れに□《さか》らう。

3

① ゆびでなぞりましょう。

迷

② 「迷」を書きましょう。

辶　9画

読み方：（メイ）／まよう

意味：・行く方向がわからなくなる

③ □に「迷」を書きましょう。

道に□《まよ》う。□《まよ》わず進む。

4

① ゆびでなぞりましょう。

過（はねる）

② 「過」を書きましょう。

辶　12画

読み方：カ／すぎる／すごす／（あやまつ）／（あやまち）

意味：・通っていく　・時間がたつ

③ □に「過」を書きましょう。

□《か》去《こ》。通《とお》り□《す》ぎる。

5

① ゆびでなぞりましょう。

適

② 「適」を書きましょう。

辶　14画

読み方：テキ／―

意味：・ぴったりと合う

③ □に「適」を書きましょう。

□《てき》度《ど》な運動。快《かい》□《てき》な生活。

6 ——の漢字の読みがなを書きましょう。（一つ4点）

① 人の流れに逆（　）らう。

② 判断《はんだん》に迷（　）う。

③ 主語と述（　）語。

④ 順位が逆（　）転（　）する。

⑤ 適（　）度（　）に体を動かす。

⑥ 逆（　）上《あ》がりをする。

⑦ 自分の感想を述（　）べる。

⑧ 過（　）去（　）をふり返る。

⑨ 車が通《とお》り過（　）ぎる。

⑩ 快（かい）適（　）な生活。

7 □に漢字を、（　）に送りがなを書きましょう。（一つ4点）

① □転（ぎゃくてん）して勝利する。

② □度（てきど）に運動する。

③ 台風が通《とお》り□（ぎる）。（すぎる）

④ 知らない町で道に□（う）。（まよう）

⑤ 考えを□（べる）。（のべる）

⑥ 親の意見に□（らう）。（さからう）

⑦ □去（かこ）にあった出来事。

⑧ 主語と□語（じゅつご）の関係。

⑨ 快□（かいてき）な温度。

⑩ □（さか）上《あ》がりを練習する。

14 招・採・授・接・提・損

1 ① ゆびでなぞりましょう。

招

② 「招」を書きましょう。

扌	8画

読み方：ショウ　まねく

意味：・よびよせる

③ □に「招」を書きましょう。

□《しょう》待《たい》する。客を□《まね》く。

2 ① ゆびでなぞりましょう。

採

② 「採」を書きましょう。

扌	11画

読み方：サイ　とる

意味：・手でつまみとる　・選びとる

③ □に「採」を書きましょう。

□《さい》集《しゅう》。山菜を□《と》る。

3 ① ゆびでなぞりましょう。

授

② 「授」を書きましょう。

扌	11画

読み方：ジュ　さずける　さずかる

意味：・目上の人があたえる　・教える

③ □に「授」を書きましょう。

□《じゅ》業《ぎょう》。大学の教《きょう》□《じゅ》。

4 ① ゆびでなぞりましょう。

接

② 「接」を書きましょう。

扌	11画

読み方：セツ　（つぐ）

意味：・つなぐ　・近づく

③ □に「接」を書きましょう。

直《ちょく》□《せつ》話す。人と□《せっ》する。

5 ① ゆびでなぞりましょう。

提

② 「提」を書きましょう。

扌	12画

読み方：テイ　（さげる）

意味：・さし出す　・手に持ってさげる

③ □に「提」を書きましょう。

□《てい》出《しゅつ》する。□《てい》案《あん》。

6 ① ゆびでなぞりましょう。

損

② 「損」を書きましょう。

扌	13画

読み方：ソン　（そこなう）（そこねる）

意味：・失う　・きずつける、こわす

③ □に「損」を書きましょう。

大きな□《そん》害《がい》。□《そん》失《しっ》。

（1～6は全部書いて12点）

月　日

はじめ　時　分

終わり　時　分

かかった時間　分

名前

とく点　点

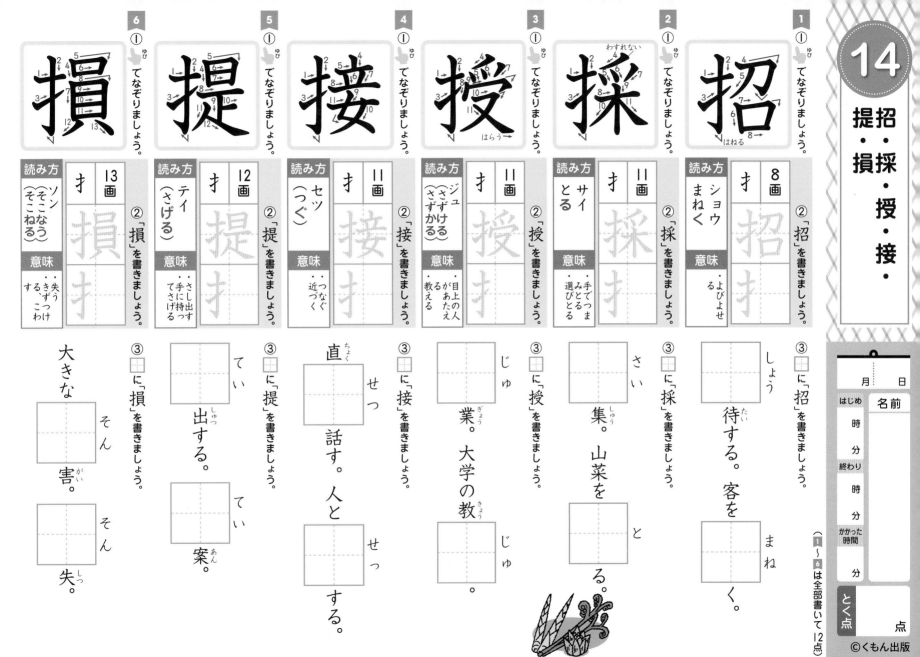

7 ――の漢字の読みがなを書きましょう。（一つ4点）

① 家に招待する。

② 大学教授の授業。

③ 作品を提出する。

④ 提案理由を述《の》べる。

⑤ 会って直接話す。

⑥ 卒業生を学校に招く。

⑦ 大きな損害を受ける。

⑧ こん虫採集に行く。

⑨ 人と接する仕事。

⑩ 山菜を採る。

8 □に漢字を、（　）に送りがなを書きましょう。（一つ4点）

① 台風による□害《そんがい》。

② 山で木の実を□《と》る。
注意 ここでは「取」を使わないで書く。

③ 宿題を□出《ていしゅつ》する。

④ 円に□《せっ》する直線。

⑤ 友人を家に□（く）《まねく》。

⑥ 学級会に□案《ていあん》する。

⑦ □待《しょうたい》状《じょう》を送る。

⑧ 会場に直□《ちょくせつ》向かう。

⑨ 山田《やまだ》教□《きょうじゅ》の□業《じゅぎょう》。

⑩ 祖母《そぼ》が□集《さいしゅう》した山菜。

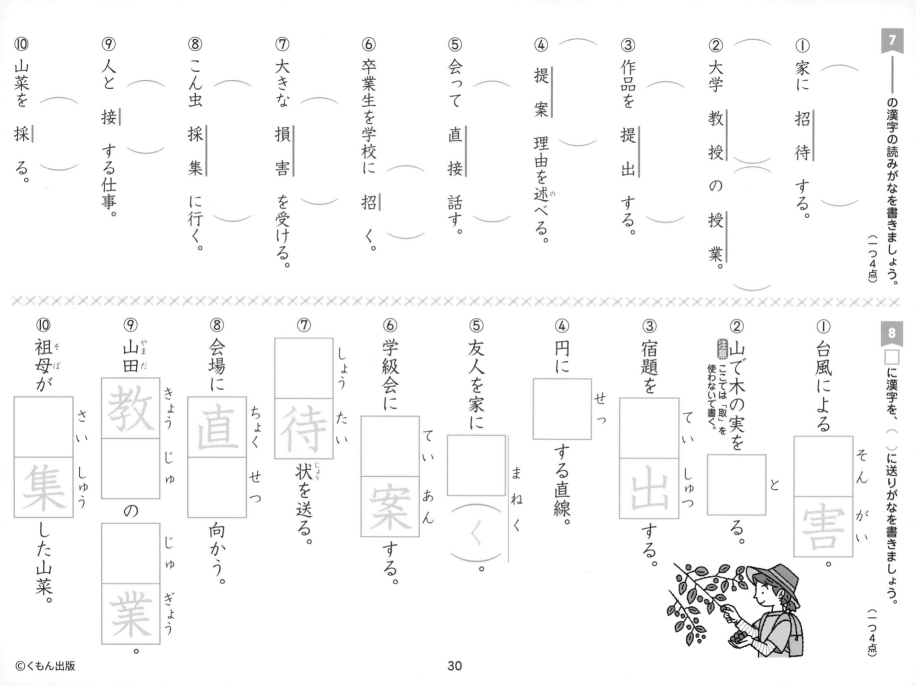

15 往・復・性・質・現

月	日

名前

はじめ 時 分

終わり 時 分

かかった時間 分

とく点 点

（1～5は全部書いて20点）

1

① でなぞりましょう。

往（長く）

② 「往」を書きましょう。

8画	彳

読み方：オウ —

意味：・前に進む ・時間がすぎる

③ □に「往」を書きましょう。

□《おう》復《ふく》する。

□《おう》路《ろ》と復《ふく》路《ろ》。（行きの道と帰りの道）

2

① でなぞりましょう。

復（はらう）

② 「復」を書きましょう。

12画	彳

読み方：フク —

意味：・もとにもどる ・くり返す

③ □に「復」を書きましょう。

体力の回《かい》□《ふく》。

□《ふく》習《しゅう》。

3

① でなぞりましょう。

性

② 「性」を書きましょう。

8画	忄

読み方：セイ（ショウ） —

意味：・もともとの特ちょう ・男と女などの区別

③ □に「性」を書きましょう。

□《せい》質《しつ》。

可《か》能《のう》□《せい》。

4

① でなぞりましょう。

質

② 「質」を書きましょう。

15画	貝

読み方：シツ（シチ）・（チ） —

意味：・生まれつき ・おおもと ・たずねる

③ □に「質」を書きましょう。

□《しつ》問《もん》する。

品《ひん》□《しつ》がよい。

5

① でなぞりましょう。

現（右上へ）（はねる）

② 「現」を書きましょう。

11画	王

読み方：ゲン あらわれる あらわす

意味：・今の ・見えてくる

③ □に「現」を書きましょう。

表《ひょう》□《げん》する。

□《げん》代《だい》社会。

太陽が□《あらわ》れる。

すがたを□《あらわ》す。

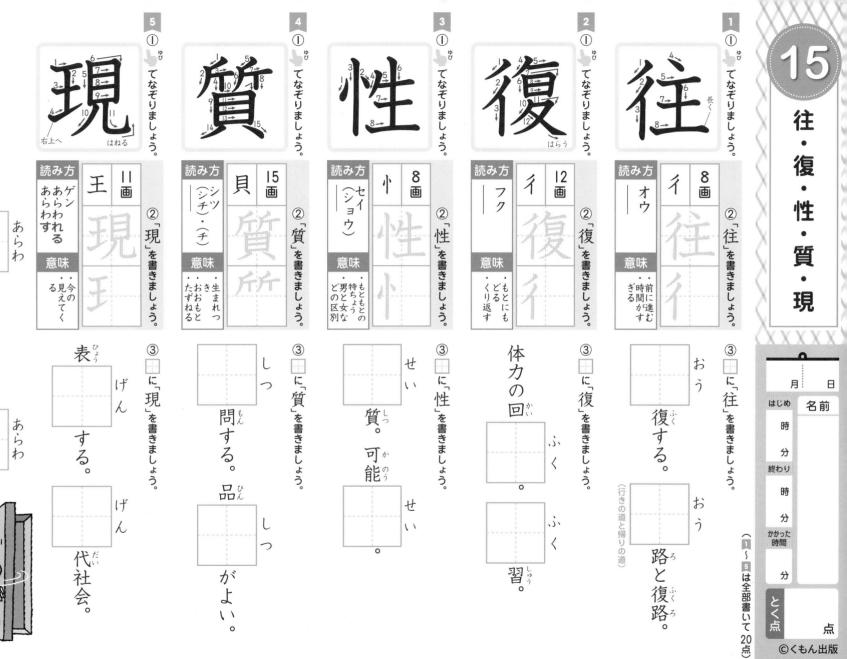

6 ——の漢字の読みがなを書きましょう。（一つ4点）

① 先生に質問（　　）する。

② 成果が現（　　）れる。

③ おだやかな性質（　　）。

④ 算数の復習（　　）をする。

⑤ 往復（　　）した道のり。

⑥ 往路（　　）は上り坂が多い。

⑦ 正体を現（　　）す。

⑧ 合格《ごうかく》の可能《かのう》性（　　）が高い。

⑨ 品質（　　）を確《たし》かめる。

⑩ 自由に表現（　　）する。

7 □に漢字を、（　）に送りがなを書きましょう。（一つ4点）

① 会場にすがたを□（す）《あらわす》。

② 家と駅とを□□《おうふく》する。

③ この製品《せいひん》は品□《ひんしつ》がよい。

④ 水をはじく□□《せいしつ》。

⑤ 駅伝の□路《おうろ》と復路《ふくろ》。

⑥ 成功の可能《かのう》□《せい》は低い。

⑦ 薬の効果《こうか》が□（れる）《あらわれる》。

⑧ □問《しつもん》に答える。

⑨ 豊《ゆた》かな表□《ひょうげん》力《りょく》。

⑩ 授業《じゅぎょう》の□習《ふくしゅう》をする。

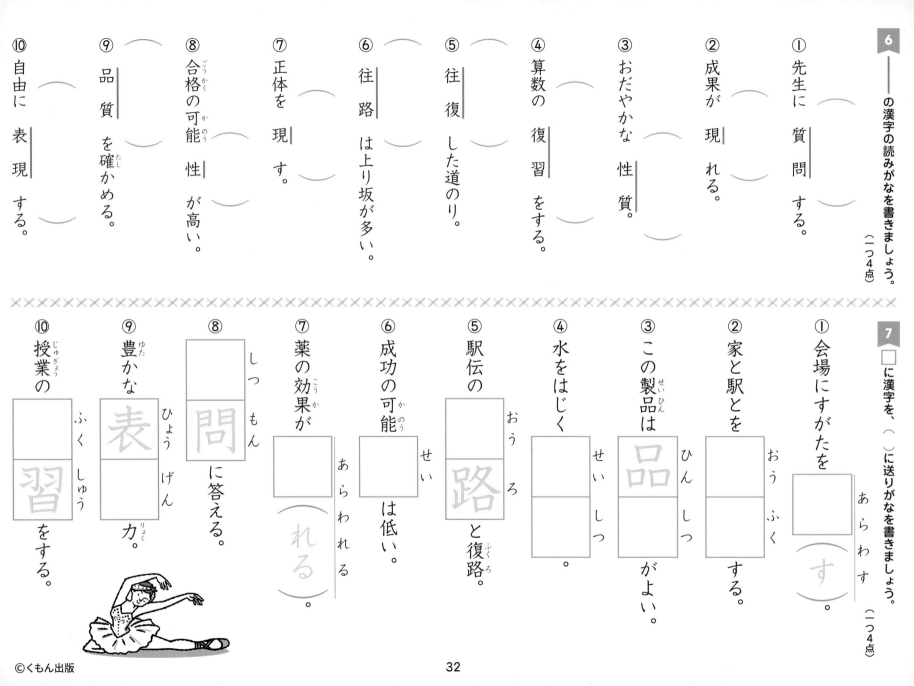

16 確認《かくにん》ドリル④

1 ——の漢字の読みがなを書きましょう。（一つ2点）

① 体調の回復。

② 川に接した公園。

③ 体育の授業。

④ 質問を受ける。

⑤ 会議で提案する。

⑥ 往路を走る。

⑦ 山菜を採る。

⑧ 道に迷う。

⑨ 損害が大きい。

⑩ 成功する可能《かのう》性が高い。

2 ——の漢字の読みがなを書きましょう。（一つ2点）

①
主語と述語。
考えを述べる。

②
立場が逆転する。
逆上《あ》がりの練習。

③
過去をふり返る。
選手が走《はし》り過ぎる。

④
文章で表現する。
雲間から太陽が現れる。

月　日

はじめ　時　分
終わり　時　分
かかった時間　分

名前

とく点　点

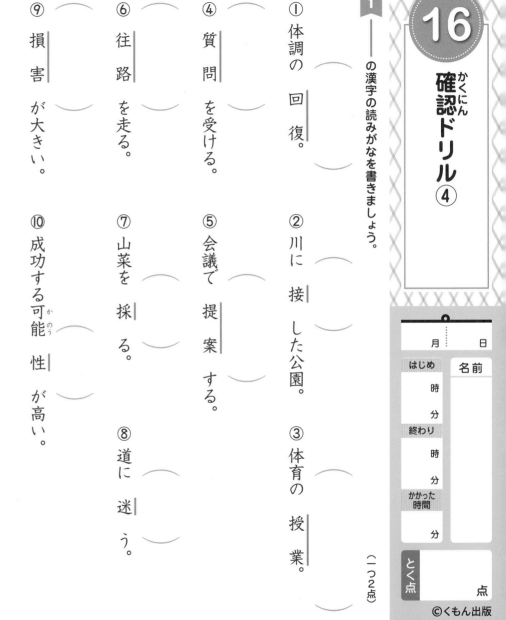

3 □に漢字を書きましょう。（一つ4点）

① □□《おうふく》の交通費《こうつうひ》。

② 体育の□□《じゅぎょう》を受ける。

③ 宿題を□□《ていしゅつ》する。

④ 大きな□□《そんがい》が出る。

⑤ □□《しょうたい》状《じょう》を先生に送る。

⑥ こん虫□□《さいしゅう》をする。

⑦ おだやかな□□《せいしつ》。

⑧ □《まよ》わないで進む。

⑨ □□《てきど》な運動。

⑩ □□《ちょくせつ》会って話す。

⑪ 主語と□□《じゅつご》。

⑫ □□《げんだい》社会。

4 ――のことばを漢字と送りがなで書きましょう。（一つ4点）

① 友人を家にまねく。

② すがたをあらわす。

③ 一週間がすぎる。

④ 流れにさからう。

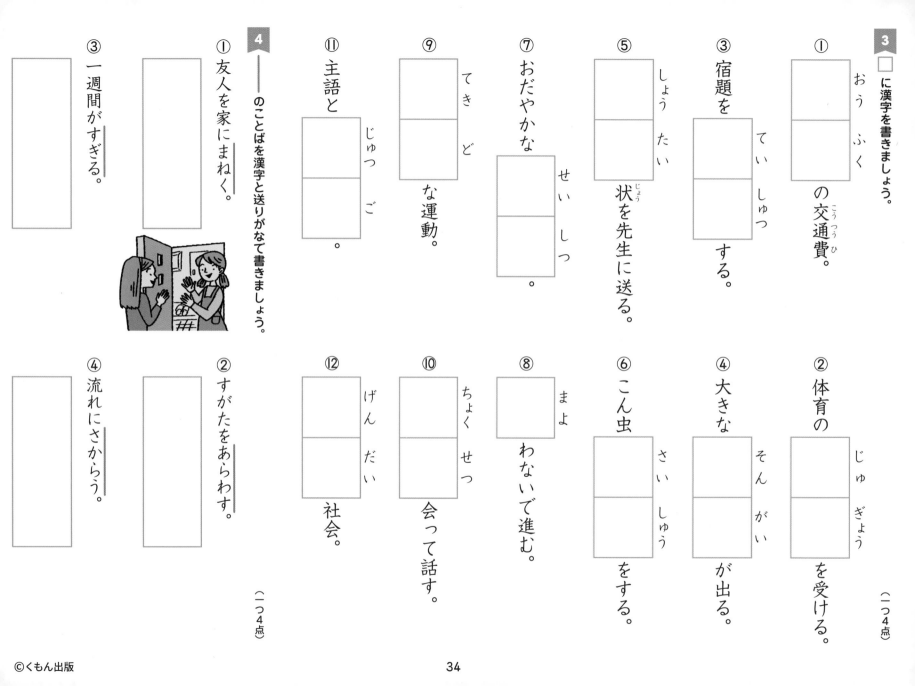

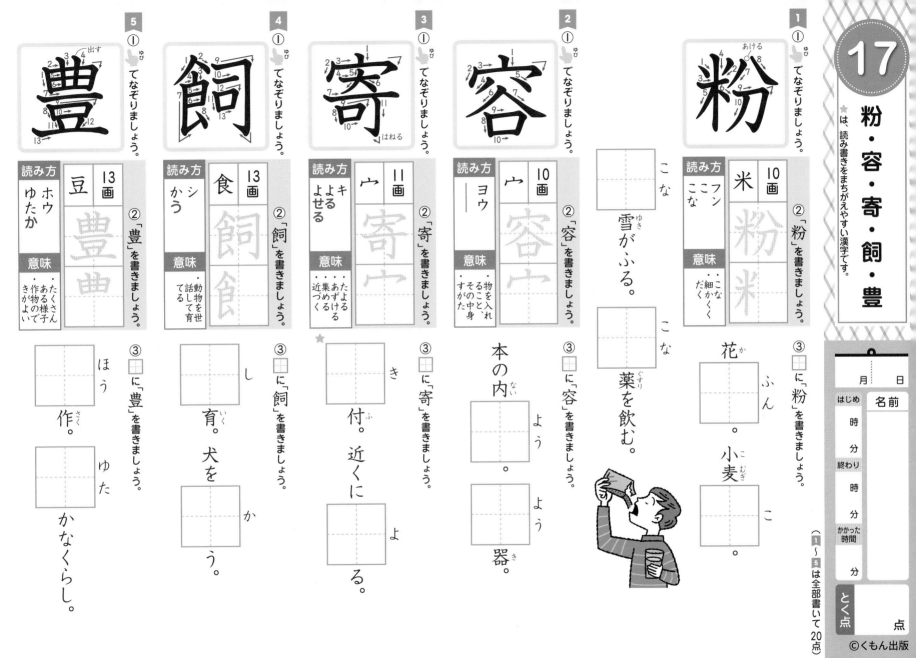

17 粉・容・寄・飼・豊

★は、読み書きをまちがえやすい漢字です。

月 日

はじめ	時 分
終わり	時 分
かかった時間	分

名前

とく点 点

（1～5は全部書いて20点）

1

① ゆびでなぞりましょう。

粉（あける）

米	10画

読み方：フン　こ　こな

意味：・こな　・細かく　くだく

②「粉」を書きましょう。

③ □に「粉」を書きましょう。

花《か》□（ふん）。

小《こ》麦《むぎ》□（こ）。

□（こな）雪《ゆき》がふる。

□（こな）薬《くすり》を飲む。

2

① ゆびでなぞりましょう。

容

宀	10画

読み方：ヨウ　―

意味：・物を入れること、その中身　・すがた

②「容」を書きましょう。

③ □に「容」を書きましょう。

本の内《ない》□（よう）。

□（よう）器《き》。

3

① ゆびでなぞりましょう。

寄（はねる）

宀	11画

読み方：キ　よる　よせる

意味：・たよる　・あずける　・集める　・近づく

②「寄」を書きましょう。

③ □に「寄」を書きましょう。

★ □（き）付《ふ》。

近くに□（よ）る。

4

① ゆびでなぞりましょう。

飼

食	13画

読み方：シ　かう

意味：・動物を世話して育てる

②「飼」を書きましょう。

③ □に「飼」を書きましょう。

□（し）育《いく》。

犬を□（か）う。

5

① ゆびでなぞりましょう。

豊（出す）

豆	13画

読み方：ホウ　ゆたか

意味：・たくさんある様子　・作物のできがよい

②「豊」を書きましょう。

③ □に「豊」を書きましょう。

□（ほう）作《さく》。

□（ゆた）かなくらし。

6 ―の漢字の読みがなを書きましょう。（一つ4点）

① くわしい内容を知る。

② 虫が花粉を運ぶ。

③ 豊かな生活を送る。

④ うさぎを飼育する。

⑤ ★寄付金《きん》を集める。

⑥ 容器に入れる。

⑦ 小鳥を飼う。

⑧ 今年《ことし》は豊作だ。

⑨ 母のそばに寄る。

⑩ 粉薬を飲む。

7 □に漢字を、（　）に送りがなを書きましょう。（一つ4点）

① 米の□《ほう》作《さく》を喜《よろこ》ぶ。

② 友人の家に□《よ》る。

③ □（か）《ゆたか》な自然。

④ □《か》い犬《いぬ》と散歩する。

⑤ 小《こ》麦《むぎ》□《こ》。

⑥ 学校にピアノを★□《き》付《ふ》する。

⑦ 本の内《ない》□《よう》を理解《りかい》する。

⑧ はちが花《か》□《ふん》を集める。

⑨ □《し》育《いく》係《がかり》になる。

⑩ 苦い□《こな》薬《ぐすり》。

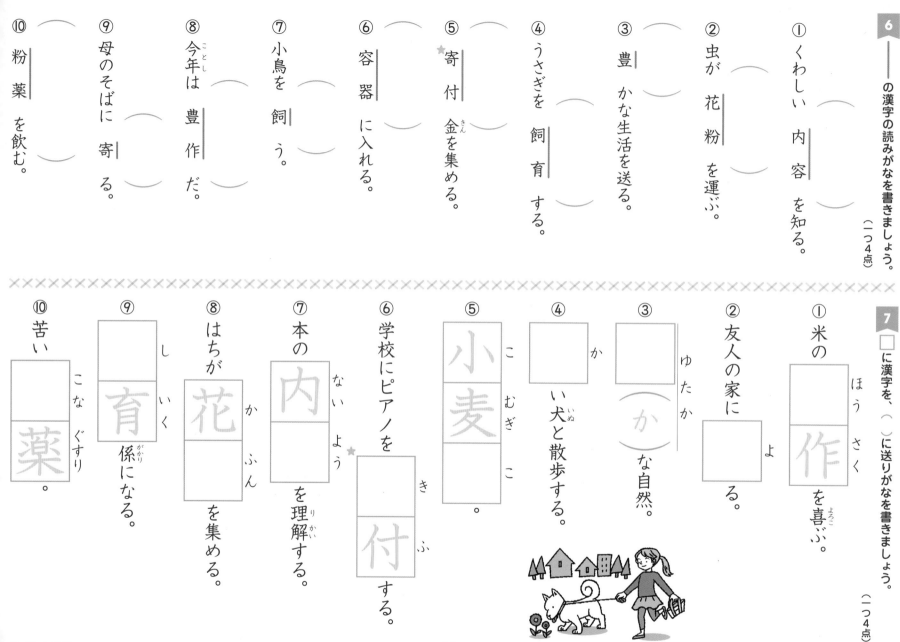

18 経・営・貿・易・版

★は、読み書きをまちがえやすい漢字です。

1

① ゆびでなぞりましょう。

経

糸	11画

読み方：ケイ（キョウ）　へる

意味：・時間がたつ　・その場所を通っていく

② 「経」を書きましょう。

③ □に「経」を書きましょう。

□《けい》験《けん》。

年月を★□《へ》る。

2

① ゆびでなぞりましょう。

営

⺍	12画

読み方：エイ　いとなむ

意味：・仕事を行う

② 「営」を書きましょう。

③ □に「営」を書きましょう。

経《けい》□《えい》。

生活を□《いとな》む。

3

① ゆびでなぞりましょう。

貿（はねる）

貝	12画

読み方：ボウ　―

意味：・売り買いする

② 「貿」を書きましょう。

③ □に「貿」を書きましょう。

□《ぼう》易《えき》。

□《ぼう》易《えき》港《こう》。

4

① ゆびでなぞりましょう。

易（はねる）

日	8画

読み方：エキ　イ　やさしい

意味：・かん単なこと　・取りかえる

② 「易」を書きましょう。

③ □に「易」を書きましょう。

交《こう》□《えき》。（品物を交かんして、商売すること）

容《よう》★□《い》にできる。

安《あん》★□《い》に考える。

□《やさ》しい問題。

5

① ゆびでなぞりましょう。

版（とめる）

片	8画

読み方：ハン　―

意味：・印刷のもとになるもの　・本を作る

② 「版」を書きましょう。

③ □に「版」を書きましょう。

本を出《しゅっ》★□《ぱん》する。

★□《はん》画《が》。

月　日

はじめ　時　分

終わり　時　分

かかった時間　分

名前

とく点　点

（1～5は全部書いて20点）

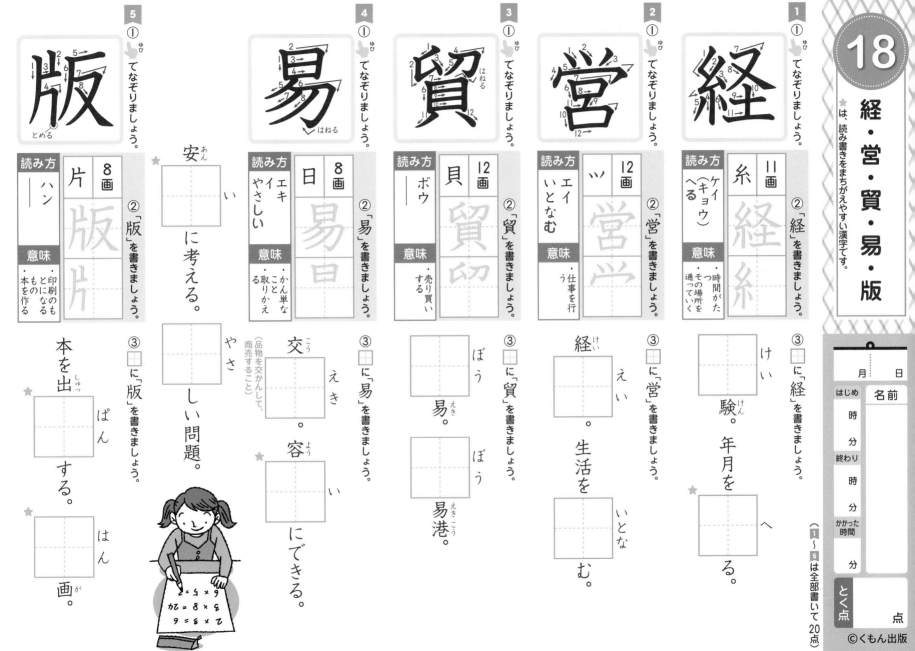

6 ――の漢字の読みがなを書きましょう。（一つ4点）

① 外国と交易する。（　）
② 長い年月を★経る。（　）
③ 外国と貿易する。（　）
④ 会社を経営する。（　）
⑤ 易しい文章。（　）
⑥ 出★版社《しゃ》から本を出す。（　）
⑦ 江戸《えど》時代の★版画。（　）
⑧ 経験を積む。（　）
⑨ 農業を営む。（　）
⑩ 容★易なことではない。（　）

7 □に漢字を、（　）に送りがなを書きましょう。（一つ4点）

① 生活を□（む）《いとなむ》。
② 本を出★□《しゅっぱん》する。
③ 容★□《ようい》に問題を解《と》く。
④ 美しい色の★□画《はんが》。
⑤ 多くの苦しみを★□《へ》る。
⑥ この問題は□（しい）《やさしい》。
⑦ □□《ぼうえき》がさかんな国。
⑧ 農場を□□《けいえい》する。
⑨ 交□《こうえき》をさかんにする。
⑩ □験《けいけん》を生かす。

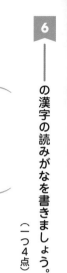

19 支・枝・技・限・眼

月	日

名前

はじめ　時　分
終わり　時　分
かかった時間　分

とく点　点

（1～5は全部書いて20点）

1

① ゆび でなぞりましょう。

支（はらう）

② 「支」を書きましょう。

部首	画数	読み方	意味
支	4画	シ ささえる	・ささえる ・分かれ出る

③ □に「支」を書きましょう。

□《し》店《てん》。 意見を□《し》持《じ》する。

心の□《ささ》えになる。 体を□《ささ》える。

2

① ゆび でなぞりましょう。

枝

② 「枝」を書きましょう。

部首	画数	読み方	意味
木	8画	（シ） えだ	・木のえだ

③ □に「枝」を書きましょう。

木の□《えだ》。 □《えだ》分《わ》かれ。

3

① ゆび でなぞりましょう。

技（はねる）

② 「技」を書きましょう。

部首	画数	読み方	意味
扌	7画	ギ （わざ）	・うでまえ

③ □に「技」を書きましょう。

□《ぎ》術《じゅつ》の進歩。 競《きょう》□《ぎ》。

4

① ゆび でなぞりましょう。

限

② 「限」を書きましょう。

部首	画数	読み方	意味
阝	9画	ゲン かぎる	・区切りをつける

③ □に「限」を書きましょう。

期《き》□《げん》。 人数を□《かぎ》る。

5

① ゆび でなぞりましょう。

眼

② 「眼」を書きましょう。

部首	画数	読み方	意味
目	11画	ガン （ゲン） （まなこ）	・目 ・だいじなところ

③ □に「眼」を書きましょう。

□《がん》科《か》。 着《ちゃく》□《がん》点《てん》がよい。

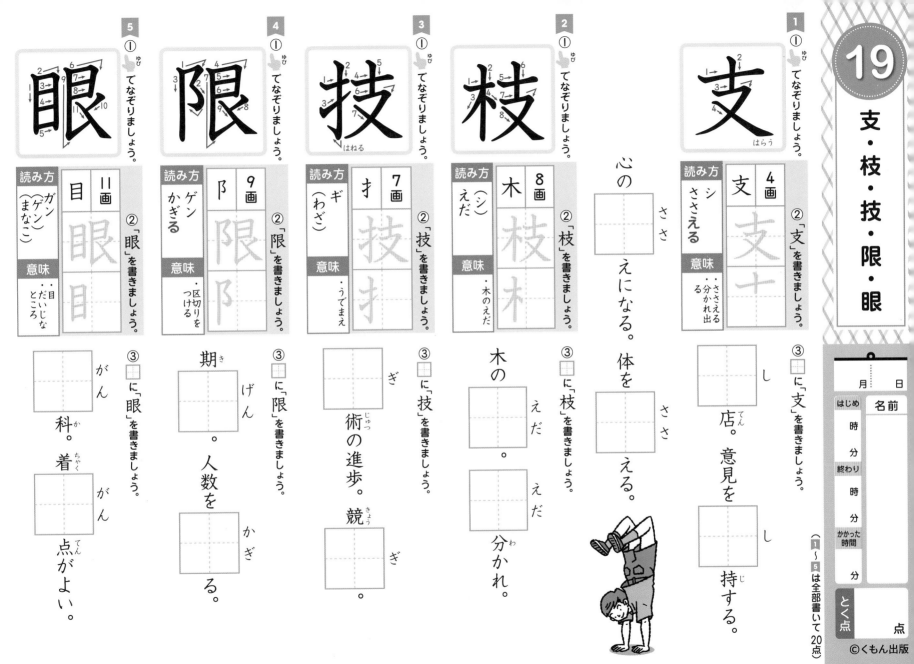

6 ――の漢字の読みがなを書きましょう。（一つ4点）

① 枝（　　）分《わ》かれする。

② 陸上競技（　　）の種目。

③ 工業技術（じゅつ）の発達。

④ 提出《ていしゅつ》期限（　　）がせまる。

⑤ 眼科（　　）の医院。

⑥ 木の枝（　　）が折れる。

⑦ 提案《ていあん》が支持（　　）される。

⑧ 着眼点（　　）がよい。

⑨ 小学生に限（　　）る。

⑩ 屋根を支（　　）える柱。

7 □に漢字を、（　）に送りがなを書きましょう。（一つ4点）

① 多くの人に□持《しじ》される。

② □科《がんか》でのしん察。

③ 決められた期□《きげん》。

④ すぐれた着□点《ちゃくがんてん》。

⑤ 木の□《えだ》と葉。

⑥ 入場者を百人に□（る）《かぎる》。

⑦ 競□《きょうぎ》大会の開会式。

⑧ □術《ぎじゅつ》が進歩する。

⑨ 両手で体を□（える）《ささえる》。

⑩ □《えだ》分《わ》かれした道。

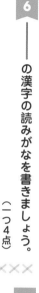

20 確認《かくにん》ドリル⑤

★は、読み書きをまちがえやすい漢字です。

月　日

はじめ　時　分

終わり　時　分

かかった時間　分

名前

とく点　点

1 ——の漢字の読みがなを書きましょう。（一つ2点）

① 経験を生かす。

② 貿易港《こう》。

③ 松の枝。

④ 期限内《ない》に返す。

⑤ 四角い容器。

⑥ ★版画家《か》。

⑦ 支持を得《え》る。

⑧ 会社を経営する。

⑨ 技術《じゅつ》が進歩する。

⑩ 着眼点がよい。

2 ——の漢字の読みがなを書きましょう。（一つ3点）

①
お金を★寄付する。
いすをかべに寄せる。

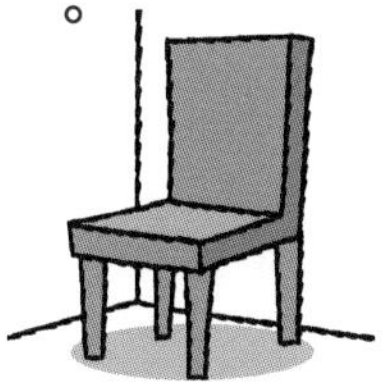

②
容★易に答える。
易しく書かれた解説書《かいせつしょ》。

③
うさぎを飼育する。
飼い主《ぬし》をさがす。

④
花粉しょう対さく。
粉雪がふる季節。

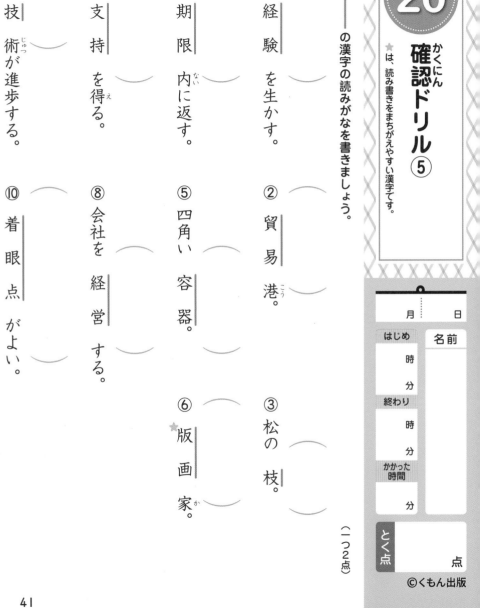

3 □に漢字を書きましょう。（一つ4点）

① 白い□□□《こむぎこ》。

② 陸上□□《きょうぎ》の大会。

③ 外国との□□《こうえき》。

④ 公園に立《た》ち□《よ》る。

⑤ □□《がんか》医《い》のしん察。

⑥ 詩集を★□□《しゅっぱん》する。

⑦ 店を□□《けいえい》する。

⑧ むずかしい□□《ないよう》の本。

⑨ □《えだ》分《わ》かれする。

⑩ 長い年月を★□《へ》る。

4 ——のことばを漢字と送りがなで書きましょう。（一つ4点）

① 人数を<u>かぎる</u>。 □

② 社会生活を<u>いとなむ</u>。 □

③ 家族を<u>ささえる</u>。 □

④ 緑の<u>ゆたかな</u>土地。 □

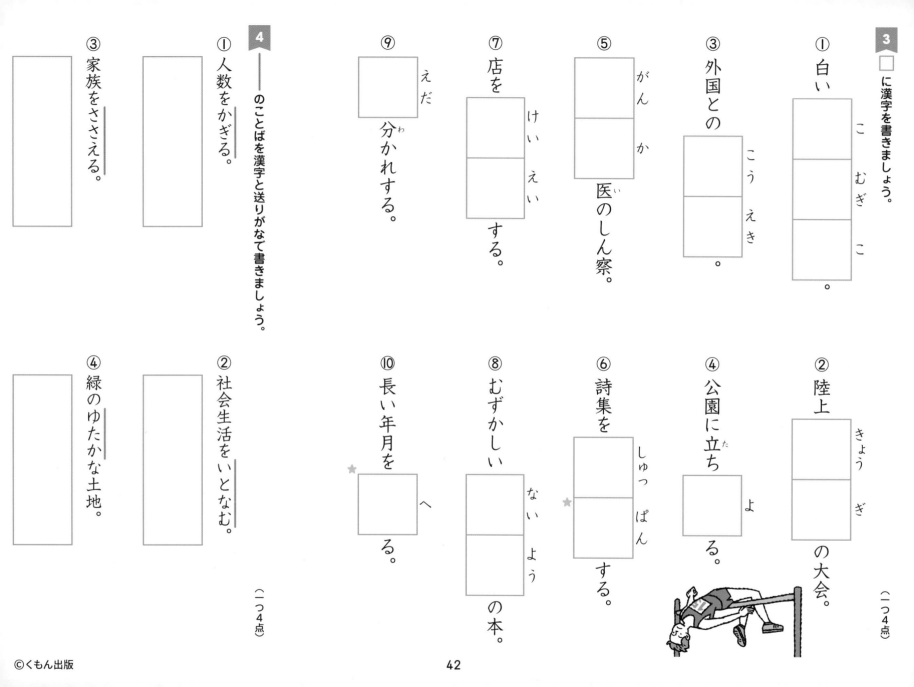

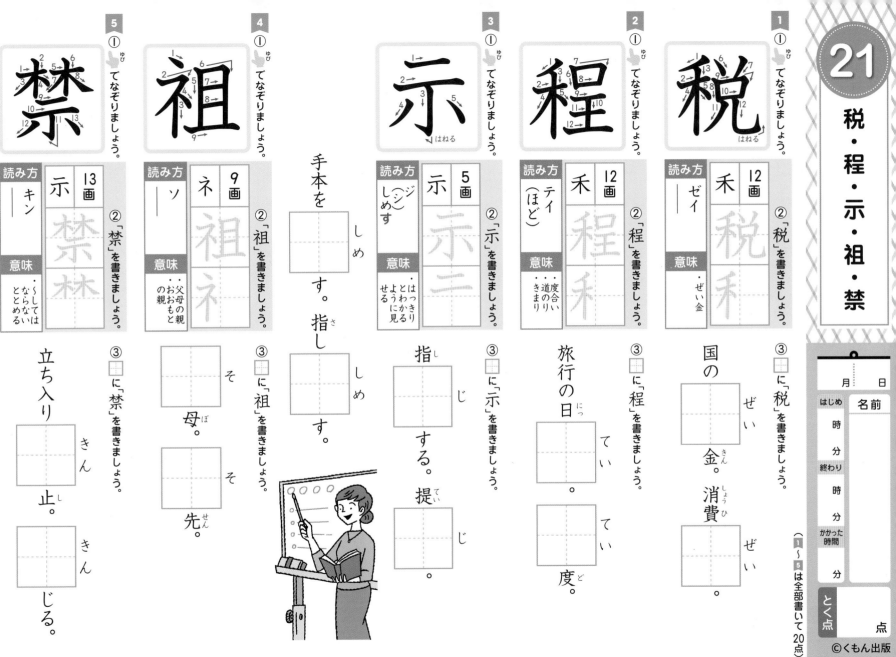

21

税・程・示・祖・禁

月　日

はじめ　時　分

終わり　時　分

かかった時間　分

名前

とく点　点

（1～5は全部書いて20点）

1

① ゆび でなぞりましょう。

税（はねる）

禾	12画

読み方：ゼイ

意味：・ぜい金

② 「税」を書きましょう。

③ □に「税」を書きましょう。

国の□《ぜい》金《きん》。

消《しょう》費《ひ》□《ぜい》。

2

① ゆび でなぞりましょう。

程

禾	12画

読み方：テイ（ほど）

意味：・度合い　・道のり　・きまり

② 「程」を書きましょう。

③ □に「程」を書きましょう。

旅行の日《にっ》□《てい》。

□《てい》度《ど》。

3

① ゆび でなぞりましょう。

示（はねる）

示	5画

読み方：ジ（シ）　しめす

意味：・はっきりとわかるように見せる

② 「示」を書きましょう。

③ □に「示」を書きましょう。

指《し》□《じ》する。

提《てい》□《じ》。

手本を□《しめ》す。

指《さ》し□《しめ》す。

4

① ゆび でなぞりましょう。

祖

ネ	9画

読み方：ソ

意味：・父母の親　・おおもと

② 「祖」を書きましょう。

③ □に「祖」を書きましょう。

□《そ》母《ぼ》。

□《そ》先《せん》。

5

① ゆび でなぞりましょう。

禁

示	13画

読み方：キン

意味：・～してはならない　とどめる

② 「禁」を書きましょう。

③ □に「禁」を書きましょう。

立ち入り□《きん》止《し》。

□《きん》じる。

6 ――の漢字の読みがなを書きましょう。（一つ4点）

① 祖母の話を聞く。（　　）

② 遊泳を禁じる。（　　）

③ かんとくが指示する。（　　）

④ 旅行の日程が決まる。（　　）

⑤ 祖先をたどる。（　　）

⑥ 税金をおさめる。（　　）

⑦ 品物の消費税。（　ひ　）

⑧ 立ち入り禁止。（　　）

⑨ 一時間程度の道のり。（　　）

⑩ 先生が手本を示す。（　　）

7 □に漢字を、（　）に送りがなを書きましょう。（一つ4点）

① 矢印で方向を□（す）《しめす》。

② 人類の□先《そせん》をさぐる。

③ 持ちこみ□止《きんし》。

④ □金《ぜいきん》の使われ方。

⑤ 試合の日□《にってい》を伝える。

⑥ 消費□《しょうひぜい》を計算する。

⑦ プールの使用を□《きん》じる。

⑧ 三メートル□度《ていど》の高さ。

⑨ □母《そぼ》の家へ行く。

⑩ 指□《しじ》にしたがう。

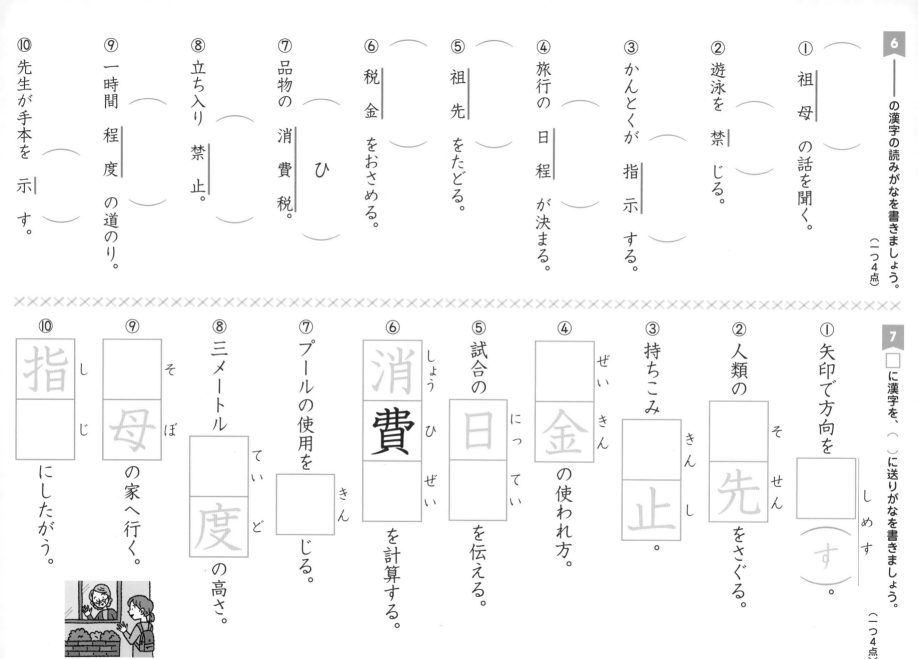

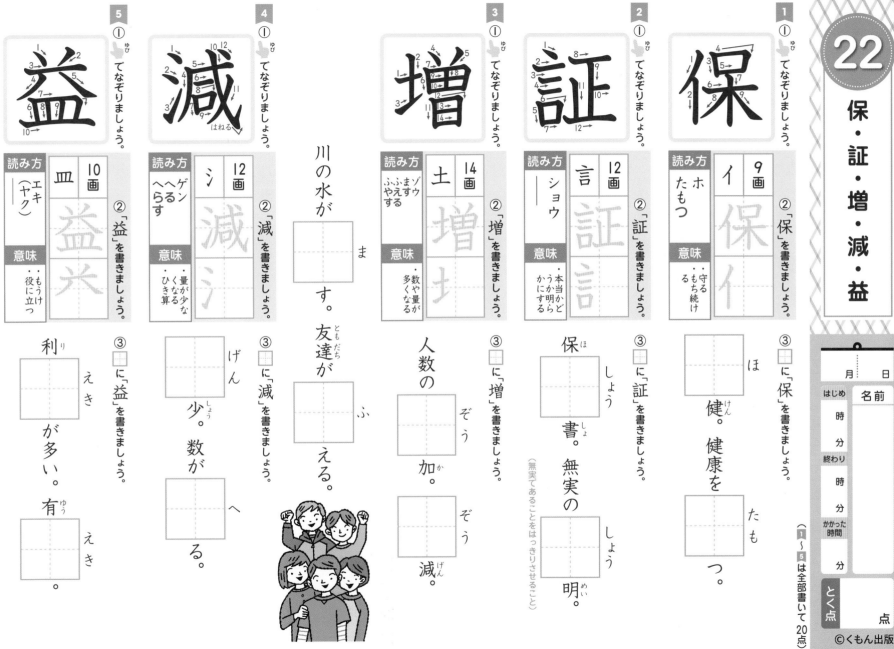

22 保・証・増・減・益

月　日　名前

はじめ　時　分
終わり　時　分
かかった時間　分
とく点　点

（1～5は全部書いて20点）

1

① ゆび でなぞりましょう。

保

読み方	意味
ホ たもつ	・守る ・もち続ける

亻　9画

② 「保」を書きましょう。

③ □に「保」を書きましょう。

□《ほ》健《けん》。健康を□《たも》つ。

2

① ゆび でなぞりましょう。

証

読み方	意味
ショウ ―	・本当かどうか明らかにする

言　12画

② 「証」を書きましょう。

③ □に「証」を書きましょう。

保《ほ》□《しょう》書《しょ》。無実の□《しょう》明《めい》。

（無実であることをはっきりさせること）

3

① ゆび でなぞりましょう。

増

読み方	意味
ゾウ ます ふえる ふやす	・数や量が多くなる

土　14画

② 「増」を書きましょう。

③ □に「増」を書きましょう。

人数の□《ぞう》加《か》。□《ぞう》減《げん》。

川の水が□《ま》す。友達《ともだち》が□《ふ》える。

4

① ゆび でなぞりましょう。

減（はねる）

読み方	意味
ゲン へる へらす	・量が少なくなる ・ひき算

氵　12画

② 「減」を書きましょう。

③ □に「減」を書きましょう。

□《げん》少《しょう》。数が□《へ》る。

5

① ゆび でなぞりましょう。

益

読み方	意味
エキ （ヤク） ―	・もうけ ・役に立つ

皿　10画

② 「益」を書きましょう。

③ □に「益」を書きましょう。

利《り》□《えき》が多い。有《ゆう》□《えき》。

6 ——の漢字の読みがなを書きましょう。（一つ4点）

① 参加人数が増える。（　　）
② 品質《ひんしつ》を保証する。（　　）
③ 増減をくり返す。（　　）
④ 公共の利益を考える。（　　）
⑤ バランスを保つ。（　　）
⑥ 生産量が増加する。（　　）
⑦ 池の水が減る。（　　）
⑧ 身分を証明する。（　　）
⑨ 水量が増す。（　　）
⑩ 保健所《じょ》の予《よ》防《ぼう》接《せっ》種《しゅ》。（　　）

7 □に漢字を、（　）に送りがなを書きましょう。（一つ4点）

① 子犬の体重が□《ま》す。
② 事《じ》故《こ》の件《けん》数《すう》が□《へ》る。
③ 人口が□《ぞう》加《か》する。
④ □《ほ》健《けん》室《しつ》で休む。
⑤ 無実を□《しょう》明《めい》する。
⑥ 学校の友《とも》達《だち》が□（える）《ふえる》。
⑦ 季節による水量の□□《ぞうげん》。
⑧ 電化製《せい》品《ひん》の□□《ほしょう》書《しょ》。
⑨ 会社の利《り》□《えき》が上がる。
⑩ 一定の量を□（つ）《たもつ》。

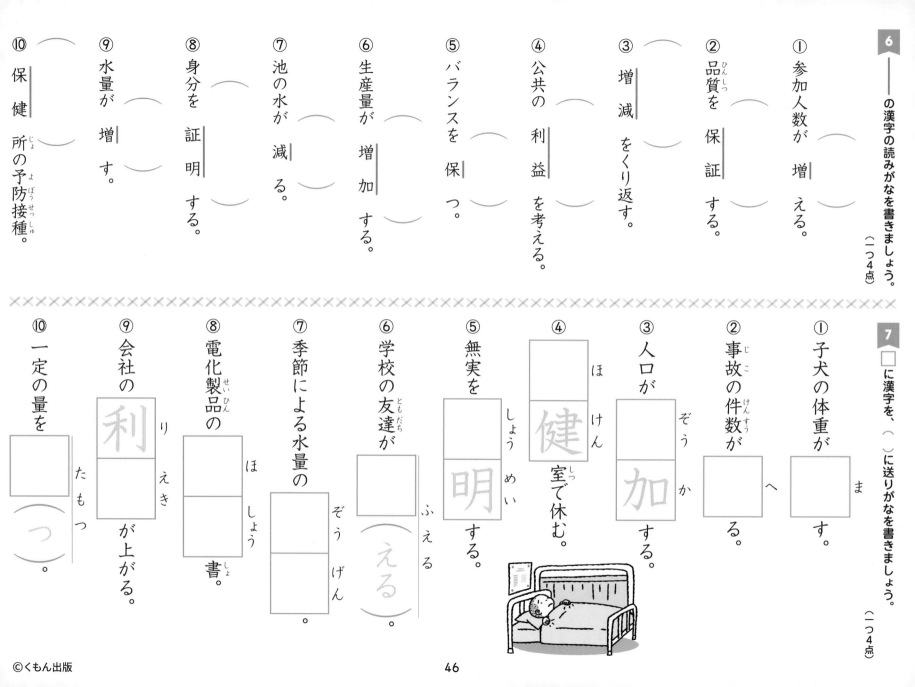

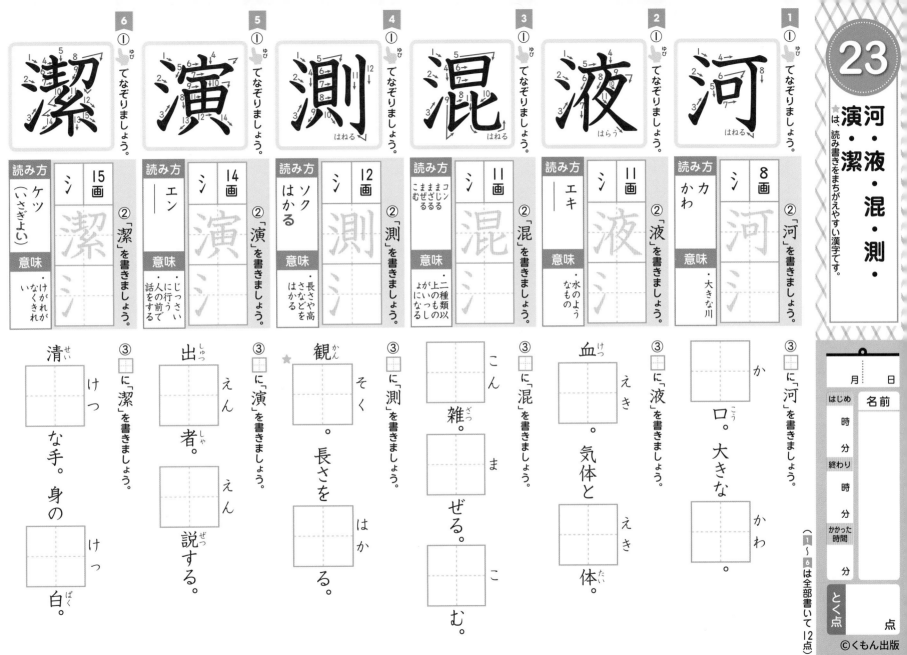

23

河・液・混・測・演・潔

★は、読み書きをまちがえやすい漢字です。

月　日

はじめ　時　分

終わり　時　分

かかった時間　分

名前

とく点　点

（1～6は全部書いて12点）

1

① ゆび《ゆび》でなぞりましょう。

河　はねる

② 「河」を書きましょう。

氵　8画

読み方：カ　かわ

意味：・大きな川

③ □に「河」を書きましょう。

□《か》口《こう》。大きな□《かわ》。

2

① ゆび《ゆび》でなぞりましょう。

液　はらう

② 「液」を書きましょう。

氵　11画

読み方：エキ　―

意味：・水のようなもの

③ □に「液」を書きましょう。

血《けつ》□《えき》。気体と□《えき》体《たい》。

3

① ゆび《ゆび》でなぞりましょう。

混　はねる

② 「混」を書きましょう。

氵　11画

読み方：コン　まじる　まざる　まぜる　こむ

意味：・二種類以上のものがいっしょになる

③ □に「混」を書きましょう。

□《こん》雑《ざつ》。□《ま》ぜる。□《こ》む。

4

① ゆび《ゆび》でなぞりましょう。

測　はねる

② 「測」を書きましょう。

氵　12画

読み方：ソク　はかる

意味：・長さや高さなどをはかる

③ □に「測」を書きましょう。

★観《かん》□《そく》。長さを□《はか》る。

5

① ゆび《ゆび》でなぞりましょう。

演

② 「演」を書きましょう。

氵　14画

読み方：エン　―

意味：・じっさいに行う　・人の前で話をする

③ □に「演」を書きましょう。

出《しゅつ》□《えん》者《しゃ》。□《えん》説《ぜつ》する。

6

① ゆび《ゆび》でなぞりましょう。

潔

② 「潔」を書きましょう。

氵　15画

読み方：ケツ　（いさぎよい）

意味：・けがれがなくきれい

③ □に「潔」を書きましょう。

清《せい》□《けつ》な手。身の□《けっ》白《ぱく》。

7 ——の漢字の読みがなを書きましょう。（一つ4点）

① 清潔（　）なハンカチ。

② 身の潔白（　）を証明《しょうめい》する。

③ 紅茶《こうちゃ》にミルクを混（　）ぜる。

④ 広々とした河（　）。

⑤ 休日で店内が混（　）む。

⑥ 血液（　）の成分を測（　）る。

⑦ 河口（　）にかかる橋。

⑧ 混雑（ざつ）した車内。

⑨ テレビに出演（　）する。

⑩ 気象を観測（　）する。★

---

8 □に漢字を、（　）に送りがなを書きましょう。（一つ4点）

① □口（かこう）に船が集まる。

② 出□（しゅつえん）者《しゃ》を集める。

③ 血□（けつえき）を□（る）（はかる）。
注意 ここでは「量」を使わないで書く。

④ 手を清□（せいけつ）にする。

⑤ 赤と青の色を□（ぜる）（まぜる）。

⑥ 身の□白（けっぱく）を証明《しょうめい》する。

⑦ 会場が□雑（こんざつ）している。

⑧ 天体観□（かんそく）用《よう》の望遠鏡。★

⑨ □（こ）んだ電車に乗る。

⑩ 大きな□（かわ）が流れる。
注意 ここでは「川」を使わないで書く。

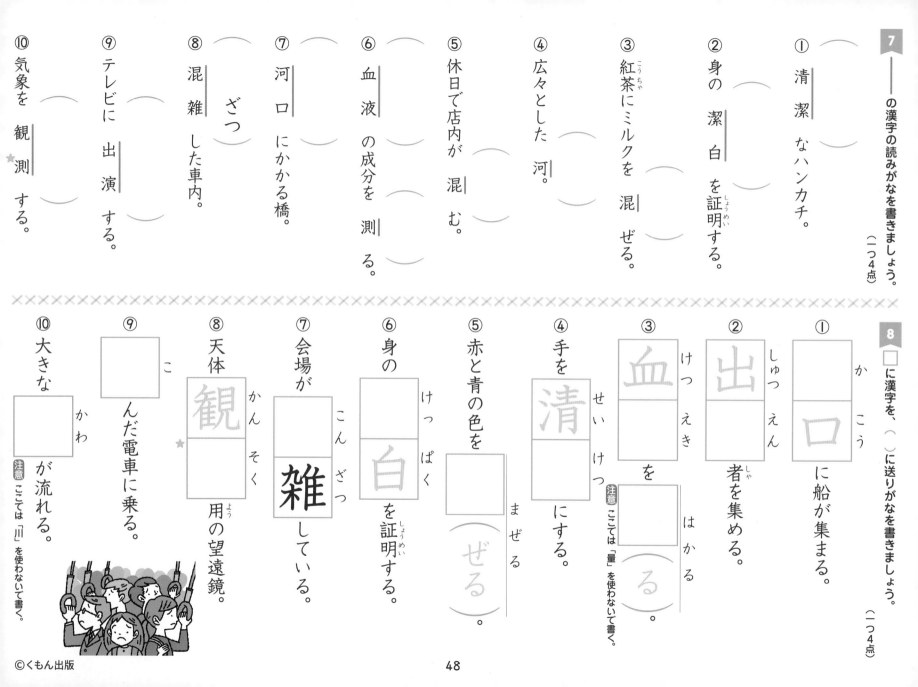

24 確認《かくにん》ドリル⑥

★は、読み書きをまちがえやすい漢字です。

月　日

はじめ　時　分

終わり　時　分

かかった時間　分

名前

とく点　点

1 ―の漢字の読みがなを書きましょう。（一つ2点）

① 星を観★測する。

② 身分を証明する。

③ 日程表《ひょう》。

④ 出演する人。

⑤ 血液型《がた》。

⑥ 指示にしたがう。

⑦ 立ち入り禁止の場所。

⑧ 利益が出る。

⑨ 消費《ひ》税。

⑩ 身の潔白。

2 ―の漢字の読みがなを書きましょう。（一つ2点）

①
- 体重の増減。
- 野鳥の数が減る。

②
- 人口が増加する。
- 実力が増す。

③
- 河口を目指す。
- 河を船で下る。

④
- 道が混雑《ざつ》している。
- 混んだ電車に乗る。

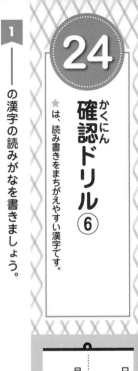

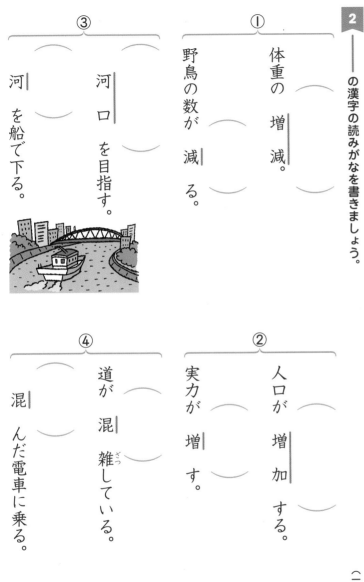

3 □に漢字を書きましょう。（一つ4点）

① 人がらを□□《ほしょう》する。

② テレビ番組の□□《しゅつえん》者《しゃ》。

③ 百人□□《ていど》集まる。

④ 公共の□□《りえき》を考える。

⑤ あぶない遊びを□《きん》じる。

⑥ □□《えきたい》の薬を飲む。

⑦ □□《かこう》に船が集まる。

⑧ □□《そぼ》と会う。

⑨ □□《せいけつ》なシャツ。

⑩ □□《ぜいきん》をおさめる。

4 ——のことばを漢字と送りがなで書きましょう。（一つ4点）

① ひもの長さをはかる。

② 一定の室温をたもつ。

③ 入場者数をへらす。

④ 赤と白の絵の具をまぜる。

⑤ 参加者がふえる。

⑥ 先生が手本をしめす。

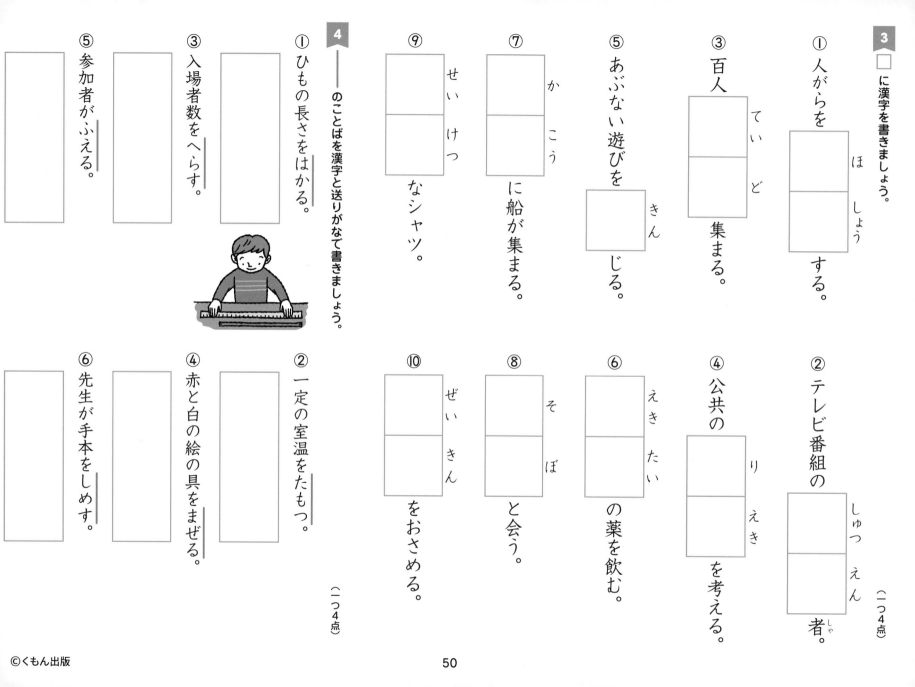

25 肥・幹・防・険・際

月　日

名前

はじめ　時　分

終わり　時　分

かかった時間　分

とく点　点

（1～5は全部書いて12点）

1

① ゆび でなぞりましょう。

肥（はねる）

② 「肥」を書きましょう。

8画　月

肥　月

読み方：ヒ　こえる・こえ　こやす　こやし

意味：・太る　・土地に養分がある　・こやし

③ □に「肥」を書きましょう。

□《ひ》料《りょう》をまく。□《こ》えた土。

□《こえ》をやる。土地を□《こ》やす。

2

① ゆび でなぞりましょう。

幹（出さない）

② 「幹」を書きましょう。

13画　干

幹　𠦝

読み方：カン　みき

意味：・木の太い部分　・だいじなところ

③ □に「幹」を書きましょう。

新《しん》□《かん》線《せん》。木の□《みき》。

3

① ゆび でなぞりましょう。

防（はねる）

② 「防」を書きましょう。

7画　阝

防　阝

読み方：ボウ　ふせぐ

意味：・害などから守る　・土手

③ □に「防」を書きましょう。

□《ぼう》災《さい》訓練。病気を□《ふせ》ぐ。

4

① ゆび でなぞりましょう。

険（出さない）

② 「険」を書きましょう。

11画　阝

険　阝

読み方：ケン　けわしい

意味：・あぶない　・山が切り立つ様子

③ □に「険」を書きましょう。

危《き》□《けん》。□《けわ》しい山道。

5

① ゆび でなぞりましょう。

際（はねる）

② 「際」を書きましょう。

14画　阝

際　阝

読み方：サイ　（きわ）

意味：・さかいめ　・はて　・とき

③ □に「際」を書きましょう。

実《じっ》□《さい》の様子。国《こく》□《さい》交流。

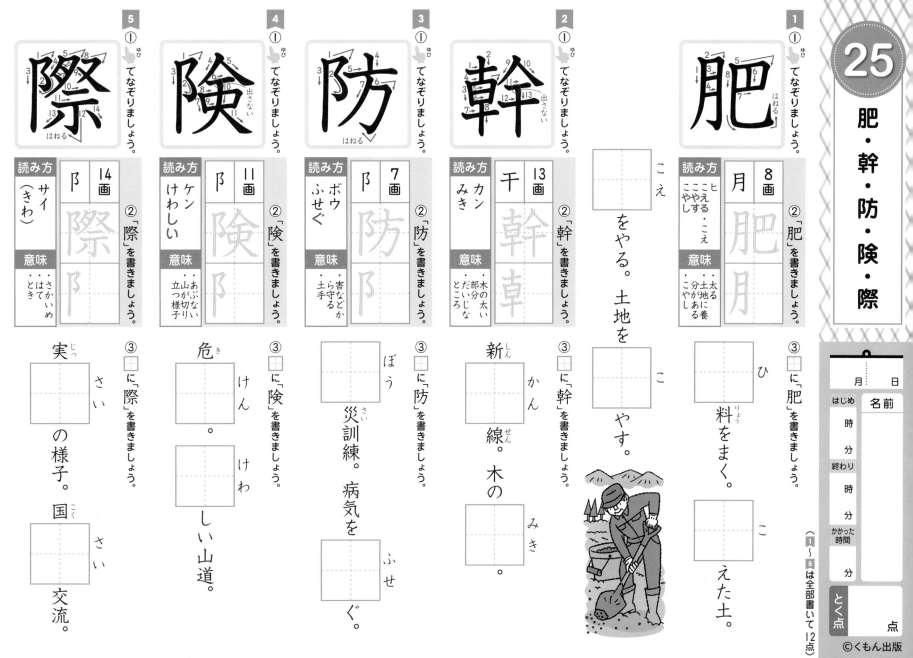

6 ――の漢字の読みがなを書きましょう。（一つ4点）

① 太い木の幹（　　）。
② よく肥（　　）えた土地。
③ かぜの流行を防（　　）ぐ。
④ 国際（　　）化が進む。
⑤ 危険（き　　）をおかす。
⑥ 肥料（　　）や肥（　　）をまく。
⑦ 険（　　）しい道を歩く。
⑧ 新幹線（　　）に乗る。
⑨ 防災（さい）の日。
⑩ 実際（　　）に起こった事件《じけん》。

7 □に漢字を、（　）に送りがなを書きましょう。（一つ4点）

① 土がよく□《こ》（える）。
② 新《しん》大阪《おおさか》行きの新□線《しんかんせん》。
③ □（しい）《けわしい》山道。
④ □災《ぼうさい》訓練をする。
⑤ 実□《じっさい》の様子を知る。
⑥ 松の木の□《みき》。
⑦ 国□《こくさい》的《てき》な仕事につく。
⑧ □料《ひりょう》や□《こえ》をまく。
⑨ 暴風雨《ぼうふうう》を□（ぐ）《ふせぐ》。
⑩ 危□《きけん》がともなう仕事。

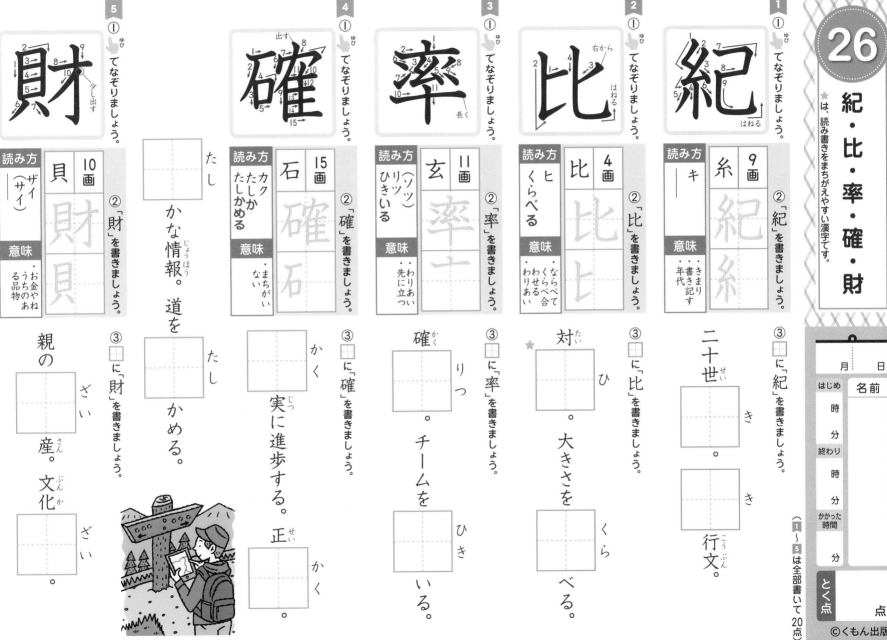

26

紀・比・率・確・財

★は、読み書きをまちがえやすい漢字です。

月　日

名前

はじめ　時　分
終わり　時　分
かかった時間　分

とく点　点

（1〜5は全部書いて20点）

1

① ゆびでなぞりましょう。

紀（はねる）

② 「紀」を書きましょう。

糸	9画

読み方：キ

意味：・きまり　・書き記す　・年代

③ □に「紀」を書きましょう。

二十世《せい》□《き》。

□《き》行文《こうぶん》。

2

① ゆびでなぞりましょう。

比（右から　はねる）

② 「比」を書きましょう。

比	4画

読み方：ヒ　くらべる

意味：・ならべてくらべ合わせる　・わりあい

③ □に「比」を書きましょう。

★対《たい》□《ひ》。

大きさを□《くら》べる。

3

① ゆびでなぞりましょう。

率（長く）

② 「率」を書きましょう。

玄	11画

読み方：（ソツ）　リツ　ひきいる

意味：・わりあい　・先に立つ

③ □に「率」を書きましょう。

確《かく》□《りつ》。

チームを□《ひき》いる。

4

① ゆびでなぞりましょう。

確（出す）

② 「確」を書きましょう。

石	15画

読み方：カク　たしか　たしかめる

意味：・まちがいない

③ □に「確」を書きましょう。

□《かく》実《じつ》に進歩する。

正《せい》□《かく》。

□《たし》かな情報《じょうほう》。

道を□《たし》かめる。

5

① ゆびでなぞりましょう。

財（少し出す）

② 「財」を書きましょう。

貝	10画

読み方：ザイ　（サイ）

意味：・お金やねうちのある品物

③ □に「財」を書きましょう。

親の□《ざい》産《さん》。

文化《ぶんか》□《ざい》。

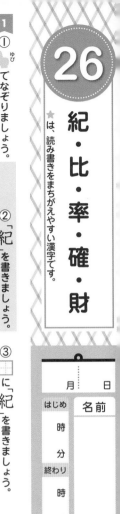

6 ――の漢字の読みがなを書きましょう。（一つ4点）

① 紀行文（　　）を読む。

② 日時を確（　　）かめる。

③ 正確（　　）にボールを投げる。

④ 作品を対比（　　）する。

⑤ 財産（　　）を相続する。

⑥ 二十一世紀（　　）。

⑦ 成功する確率（　　）。

⑧ 兄と身長を比（　　）べる。

⑨ 仲間を率（　　）いる。

⑩ 市の文化財（　　）。

7 □に漢字を、（　）に送りがなを書きましょう。（一つ4点）

① 雨がふる□□《かくりつ》が高い。

② 大きさを□（べる）《くらべる》。

③ 文化□《ぶんかざい》の保護《ほご》。

④ 二十世□《せいき》の出来事。

⑤ 事実を□（かめる）《たしかめる》。

⑥ 群れを□（いる）《ひきいる》。

⑦ 正□《せいかく》な時刻《じこく》。

⑧ 作家の□行文《きこうぶん》。

⑨ □産《ざいさん》を所有する。

⑩ 二つのものを対□《たいひ》する。

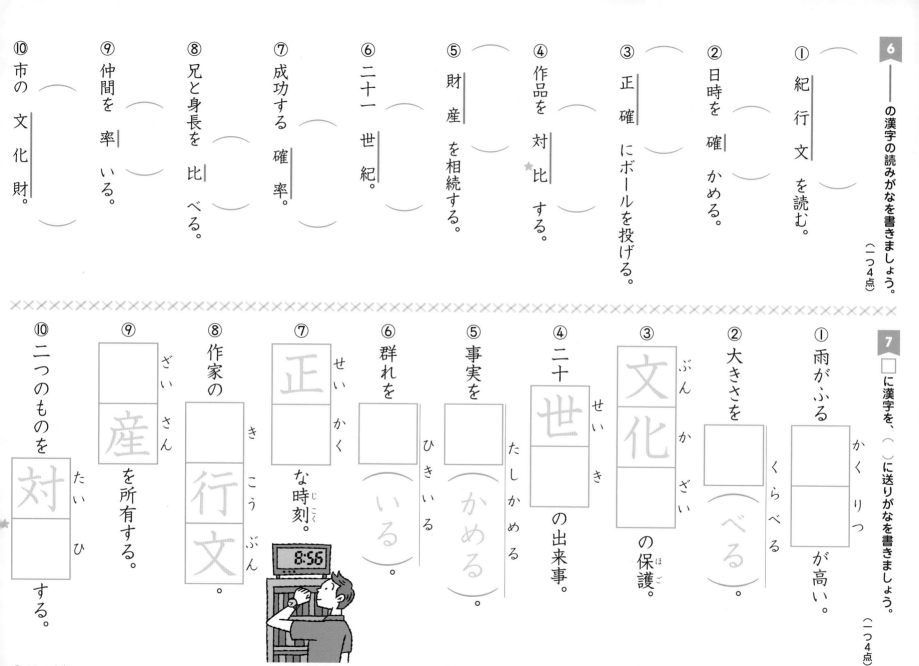

27 責・貧・貸・資・費・賛

1 ① ゆびでなぞりましょう。

② 「責」を書きましょう。

11画	貝

読み方：セキ　せめる

意味：・あやまちをとがめる　・つとめ

③ □に「責」を書きましょう。

せき□任《にん》感《かん》。失敗を　せ□める。

2 ① ゆびでなぞりましょう。

② 「貧」を書きましょう。

11画	貝

読み方：（ヒン）　ビン　まずしい

意味：・お金が少なくて、まずしい　・とぼしい

③ □に「貧」を書きましょう。

びん□ぼう。　まず□しい生活。

3 ① ゆびでなぞりましょう。

② 「貸」を書きましょう。

12画	貝

読み方：（タイ）　かす

意味：・人にかす

③ □に「貸」を書きましょう。

手を　か□す。本の　か□し出《だ》し。

4 ① ゆびでなぞりましょう。

② 「資」を書きましょう。

13画	貝

読み方：シ

意味：・もとで　・役に立つ　・地位など

③ □に「資」を書きましょう。

豊《ゆた》かな　し□源《げん》。　し□金《きん》集め。

5 ① ゆびでなぞりましょう。

② 「費」を書きましょう。

12画	貝

読み方：ヒ　つい（やす）　つい（える）

意味：・使ってへらす　・あることに使うお金

③ □に「費」を書きましょう。

ひ□用《よう》がかかる。　消《しょう》ひ□者《しゃ》。

6 ① ゆびでなぞりましょう。

② 「賛」を書きましょう。

15画	貝

読み方：サン

意味：・ほめたたえる　・同じ考えである

③ □に「賛」を書きましょう。

さん□成《せい》と反対。　さん□同《どう》する。

（1～6は全部書いて20点）

月　日

はじめ　時　分

終わり　時　分

かかった時間　分

名前

とく点　点

7　――の漢字の読みがなを書きましょう。（一つ4点）

① 貧（　　）ぼうな学生時代。

② 豊《ゆた》かな資源（げん）。

③ 旅行の費用（　　）。

④ 責任（　　）を感じる。

⑤ 妹に手を貸（　　）す。

⑥ 貧（　　）しい時代の生活。

⑦ 賛成（　　）の人が多い。

⑧ 相手の失敗を責（　　）める。

⑨ 本の貸（　　）し出《だ》し。

⑩ 消費者（　　）の立場。

8　□に漢字を、（　）に送りがなを書きましょう。（一つ4点）

① しょうひしゃ［消］［　］［者］の意見。

② さんせい［　］［成］の意見。

③ びん［　］ぼうなくらし。

④ キャンプの ひよう［　］［用］。

⑤ 本の か［　］し出《だ》し期間。

⑥ 発想が まずしい［　］（しい）。

⑦ あやまちを せめる［　］（める）。

⑧ 友達《ともだち》にかさを か［　］す。

⑨ 地下 しげん［　］［源］が豊富《ほうふ》にある。

⑩ せきにん［　］［任］を果たす。

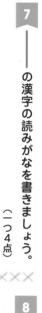

28 確認《かくにん》ドリル⑦

★は、読み書きをまちがえやすい漢字です。

月　日

名前

はじめ　時　分

終わり　時　分

かかった時間　分

とく点　点

1 ―の漢字の読みがなを書きましょう。（一つ2点）

① 肥料をまく。

② 賛成の意見。

③ 責任をもつ。

④ かかる費用。

⑤ 実際の出来事。

⑥ 防災《さい》訓練。

⑦ 海底の地下資源《げん》。

⑧ 二十一世紀の初め。

⑨ 本の貸し出《だ》し。

⑩ 財産を手に入れる。

2 ―の漢字の読みがなを書きましょう。（一つ2点）

①
正確な時刻《じこく》。
事実を確かめる。

②
新幹線に乗る。
木の幹を切る。

③
貧ぼうなくらし。
心が貧しい。

④
仲間を率いる。
成功の確率が高い。

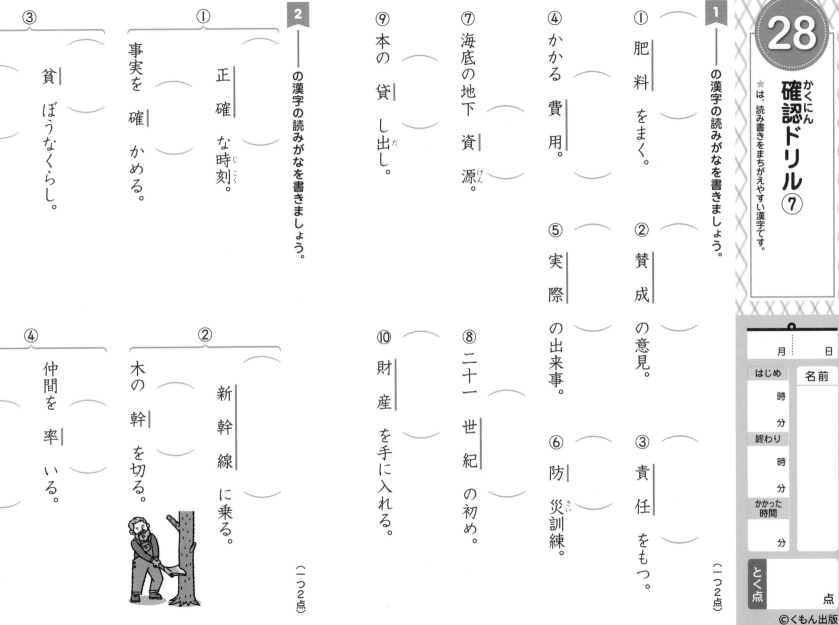

3 □に漢字を書きましょう。（一つ4点）

① □□《こくさい》空港。

② 二十□□《せいき》の建《けん》築《ちく》物《ぶつ》。

③ □□《さんせい》派《は》と反対派《は》。

④ 畑に□《こえ》をまく。

⑤ 危《き》□《けん》な場所。

⑥ 市の□□□《ぶんかざい》。

⑦ 豊《ゆた》かな水《みず》□《し》源《げん》。

⑧ 紙の□□《しょうひ》量《りょう》が増《ふ》える。

⑨ 二つを□□《たいひ》する。★

⑩ 友達《ともだち》に手を□《か》す。

4 ――のことばを漢字と送りがなで書きましょう。（一つ4点）

① けわしい山道を進む。

② 災害《さいがい》をふせぐ。

③ 弟のいたずらをせめる。

④ ひもの長さをくらべる。

⑤ 土地がこえる。

⑥ 事実をたしかめる。

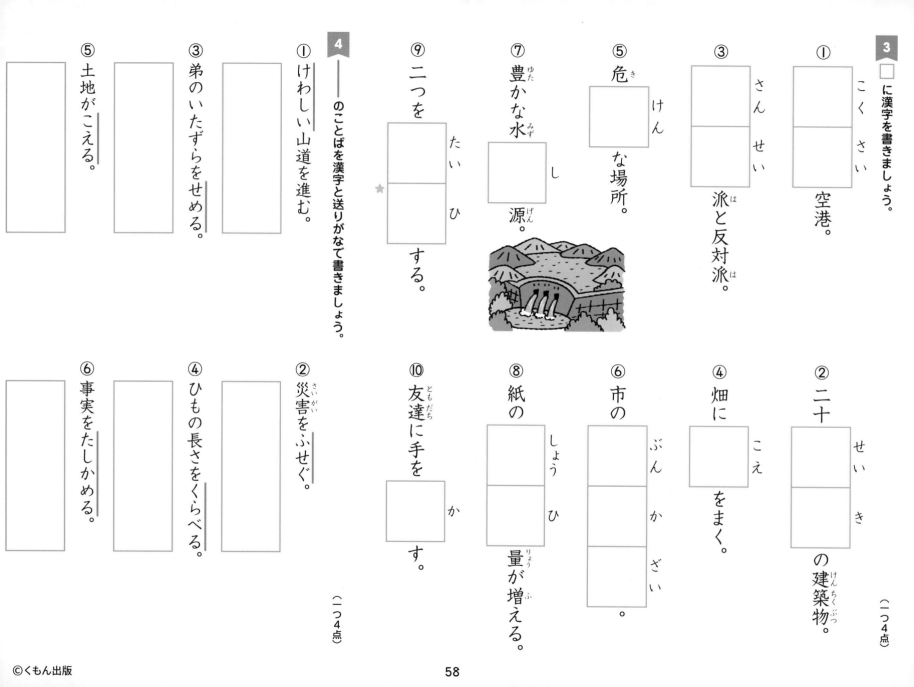

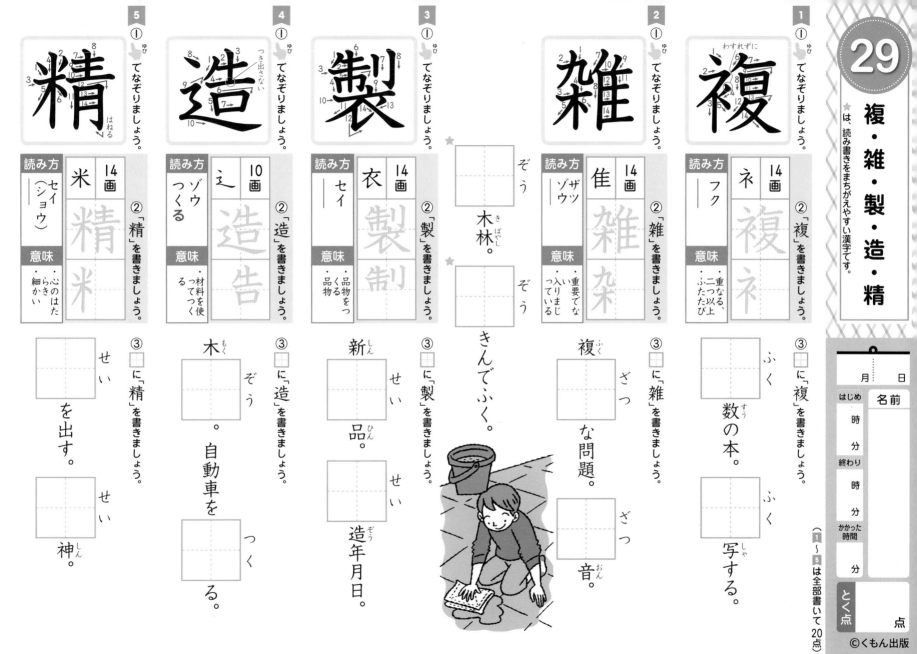

29 複・雑・製・造・精

★は、読み書きをまちがえやすい漢字です。

1

①指《ゆび》でなぞりましょう。（わすれずに）

②「複」を書きましょう。

部首	画数
ネ	14画

読み方：フク

意味：・重なる、二つ以上　・ふたたび

③□に「複」を書きましょう。

□《ふく》数《すう》の本。

□《ふく》写《しゃ》する。

2

①指《ゆび》でなぞりましょう。

②「雑」を書きましょう。

部首	画数
隹	14画

読み方：ザツ　ゾウ

意味：・重要でない　・入りまじっている

③□に「雑」を書きましょう。

複《ふく》□《ざつ》な問題。

□《ざつ》音《おん》。

★□《ぞう》木林《きばやし》。

★□《ぞう》きんでふく。

3

①指《ゆび》でなぞりましょう。

②「製」を書きましょう。

部首	画数
衣	14画

読み方：セイ

意味：・品物をつくる　・品物

③□に「製」を書きましょう。

新《しん》□《せい》品《ひん》。

□《せい》造《ぞう》年月日。

4

①指《ゆび》でなぞりましょう。（つき出さない）

②「造」を書きましょう。

部首	画数
辶	10画

読み方：ゾウ　つくる

意味：・材料を使ってつくる

③□に「造」を書きましょう。

木《もく》□《ぞう》。

自動車を□《つく》る。

5

①指《ゆび》でなぞりましょう。（はねる）

②「精」を書きましょう。

部首	画数
米	14画

読み方：セイ（ショウ）

意味：・心のはたらき　・細かい

③□に「精」を書きましょう。

□《せい》を出す。

□《せい》神《しん》。

月　日

はじめ　時　分

終わり　時　分

かかった時間　分

名前

とく点　点

（1～5は全部書いて20点）

6 ――の漢字の読みがなを書きましょう。（一つ4点）

① 新《しん》製品（　　）の広告《こうこく》。

② 複雑（　　）な仕組み。

③ 船を造（　　）る。

④ 商品を製造（　　）する。

⑤ 書類を複写（　　）する。

⑥ 勉強に精（　　）を出す。

⑦ ★雑木林（　　）で虫を採《と》る。

⑧ 木造（　　）のアパート。

⑨ 複数（　　）のクラブに入る。

⑩ 精神（　　）をきたえる。

7 □に漢字を、（　）に送りがなを書きましょう。（一つ4点）

① スポーツマン□神《せいしん》。

② □数《ふくすう》の人に話す。

③ 木□《もくぞう》の校舎《こうしゃ》を建て直す。

④ □□《ふくざつ》な気持ち。

⑤ テレビを□□《せいぞう》する工場。

⑥ □《せい》いっぱいの努力。

⑦ ★□木林《ぞうきばやし》の生き物。

⑧ 図面の□写《ふくしゃ》をとる。

⑨ 電化□品《せいひん》。

⑩ 酒を□（る）《つくる》。

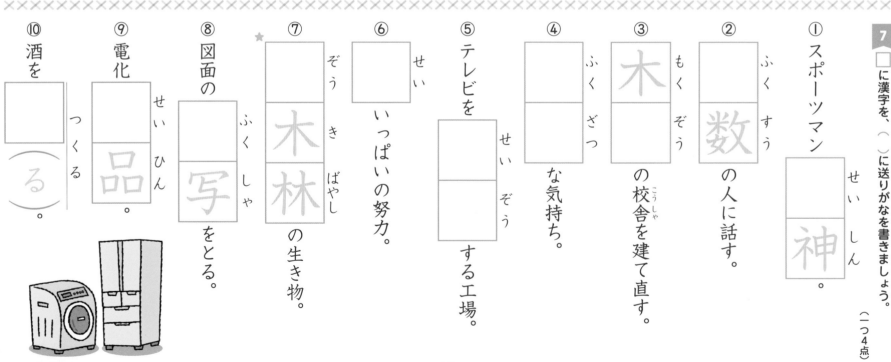

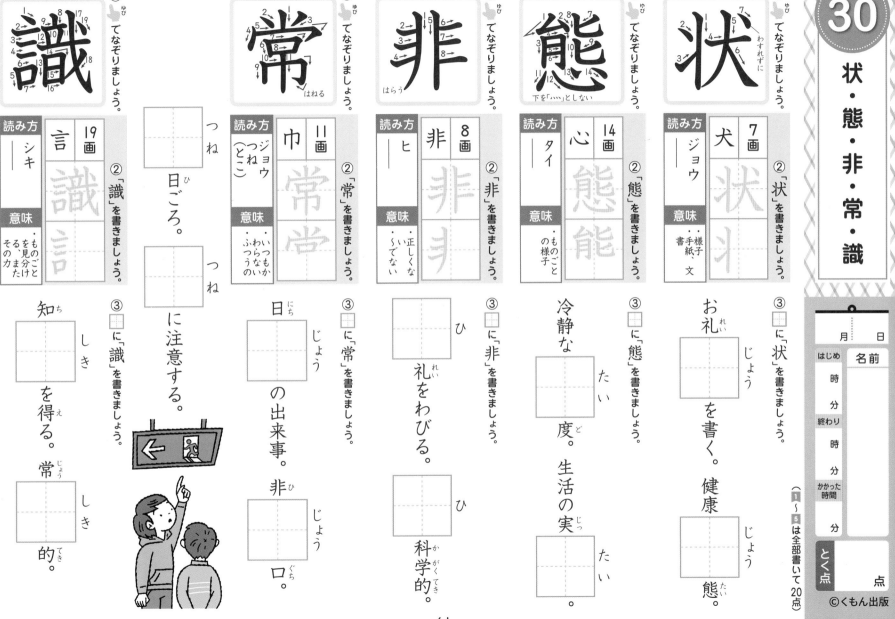

30 状・態・非・常・識

月　日
はじめ　時　分
終わり　時　分
かかった時間　分
名前
とく点　点

（1〜5は全部書いて20点）

1

① ゆび でなぞりましょう。

状（わすれずに）

② 「状」を書きましょう。

犬　7画

読み方：ジョウ

意味：・様子　・手紙、文書

③ □に「状」を書きましょう。

お礼《れい》□《じょう》を書く。

健康□《じょう》態《たい》。

2

① ゆび でなぞりましょう。

態（下を「灬」としない）

② 「態」を書きましょう。

心　14画

読み方：タイ

意味：・ものごとの様子

③ □に「態」を書きましょう。

冷静な□《たい》度《ど》。

生活の実《じつ》□《たい》。

3

① ゆび でなぞりましょう。

非（はらう）

② 「非」を書きましょう。

非　8画

読み方：ヒ

意味：・正しくない　・〜でない

③ □に「非」を書きましょう。

□《ひ》礼《れい》をわびる。

□《ひ》科《か》学《がく》的《てき》。

4

① ゆび でなぞりましょう。

常（はねる）

② 「常」を書きましょう。

巾　11画

読み方：ジョウ　つね　（とこ）

意味：・いつもかわらない　・ふつうの

③ □に「常」を書きましょう。

日《にち》□《じょう》の出来事。

非《ひ》□《じょう》口《ぐち》。

□《つね》日《ひ》ごろ。

□《つね》に注意する。

5

① ゆび でなぞりましょう。

識

② 「識」を書きましょう。

言　19画

読み方：シキ

意味：・ものごとを見分ける、またその力

③ □に「識」を書きましょう。

知《ち》□《しき》を得《え》る。

常《じょう》□《しき》的《てき》。

6 ――の漢字の読みがなを書きましょう。（一つ4点）

① 知識（　）を深める。

② 非（　）科学《かがく》的《てき》な考え。

③ 生活の実態（　）を調べる。

④ 常（　）に注意して見る。

⑤ 健康状態（　）が良い。

⑥ 常識（　）的《てき》な行動。

⑦ 非礼（　）をわびる。

⑧ 落ち着いた態度（　）。

⑨ 非常（　）口《ぐち》を確《たし》かめる。

⑩ お礼状（　）を先生に送る。

7 □に漢字を書きましょう。（一つ4点）

① □《ひ》礼《れい》の数々をわびる。

② □《つね》に周囲《しゅうい》に気を配る。

③ □□《じょうしき》的《てき》に判断《はんだん》する。

④ 礼ぎ正しい□《たい》度《ど》。

⑤ 元の□□《じょうたい》にもどす。

⑥ □《ひ》科学《かがく》的《てき》なそう査《さ》。

⑦ 小学生の実《じっ》□《たい》を調べる。

⑧ はば広い知《ち》□《しき》。

⑨ お礼《れい》□《じょう》を調べる。

⑩ □□《ひじょう》食《しょく》を準備《じゅんび》する。

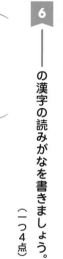

31

絶・統・総・綿・編・績・

★は、読み書きをまちがえやすい漢字です。

月　日

はじめ　時　分
終わり　時　分
かかった時間　分

名前

とく点　点

（1～6は全部書いて20点）

1

① ゆび《ゆび》でなぞりましょう。

絶

はねる

② 「絶」を書きましょう。

糸　12画

読み方：ゼツ　たえる　たやす　たつ

意味：・つながりをなくす　・終わる　・きわまる

③ □に「絶」を書きましょう。

□《ぜっ》対《たい》。 連らくが□《た》える。

2

① ゆび《ゆび》でなぞりましょう。

統

はねる

② 「統」を書きましょう。

糸　12画

読み方：トウ　（すべる）

意味：・一つにまとめる　・続いているもの

③ □に「統」を書きましょう。

伝《でん》□《とう》芸能《げいのう》。 天下□《とう》一《いっ》。

3

① ゆび《ゆび》でなぞりましょう。

総

はねる

② 「総」を書きましょう。

糸　14画

読み方：ソウ　—

意味：・一つにまとめる　・すべての

③ □に「総」を書きましょう。

□《そう》合《ごう》。 □《そう》理《り》大臣。

4

① ゆび《ゆび》でなぞりましょう。

綿

はねる

② 「綿」を書きましょう。

糸　14画

読み方：メン　わた

意味：・わた　・長く続く　・細かい

③ □に「綿」を書きましょう。

★ □《めん》花《か》。 □《わた》あめを作る。

5

① ゆび《ゆび》でなぞりましょう。

編

はねる

② 「編」を書きましょう。

糸　15画

読み方：ヘン　あむ

意味：・組み立てる　・本などを作る

③ □に「編」を書きましょう。

本の□《へん》集《しゅう》。 毛糸で□《あ》む。

6

① ゆび《ゆび》でなぞりましょう。

績

とめる

② 「績」を書きましょう。

糸　17画

読み方：セキ　—

意味：・糸をつくる　・仕事のできばえ

③ □に「績」を書きましょう。

成《せい》□《せき》。 会社の業《ぎょう》□《せき》。

7 ――の漢字の読みがなを書きましょう。（一つ4点）

① ★綿花（　　）をさいばいする。

② セーターを編（　　）む。

③ 連らくが絶（　　）える。

④ 伝統（　　）的《てき》な行事。

⑤ 成績（　　）が上がる。

⑥ 本を編集（　　）する。

⑦ 天下を統一（　　）する。

⑧ 絶対（　　）の自信をもつ。

⑨ 意見を総合（　　）する。

⑩ 綿（　　）あめを食べる。

8 □に漢字を、（　）に送りがなを書きましょう。（一つ4点）

① 本を□集《へんしゅう》する人。

② 市の□合《そうごう》運動場。

③ 色を□一《とういつ》する。

④ ★□花《めんか》の生産地。

⑤ □対《ぜったい》にやりとげる。

⑥ 伝□《でんとう》を守る。

⑦ よい成□《せいせき》を上げる。

⑧ 空に□《わた》雲《ぐも》がうかんでいる。

⑨ 人の行き来が□（える）《たえる》。

⑩ マフラーを□《あ》む。

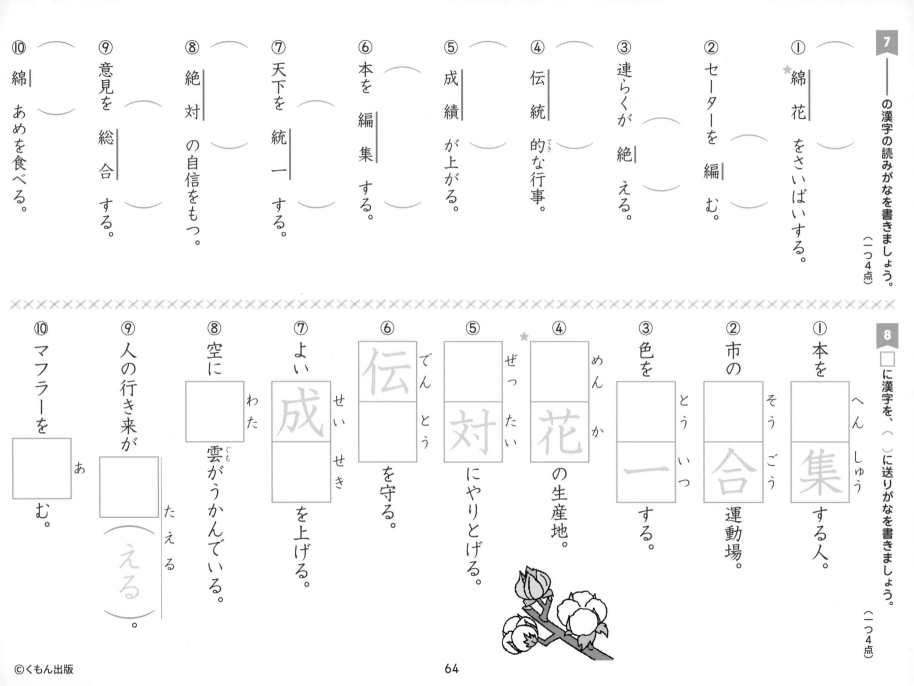

32 確認《かくにん》ドリル⑧

★は、読み書きをまちがえやすい漢字です。

月　日

はじめ　時　分
終わり　時　分
かかった時間　分

名前

とく点　点

1 ——の漢字の読みがなを書きましょう。（一つ2点）

① 製造 年月日。

② 常識 のある人。

③ 算数の 成績。

④ 礼状 を送る。

⑤ 態度 を改める。

⑥ 天下 統一。

⑦ 総合 体育館。

⑧ 機械で書類を 複写 する。

⑨ 精神 的《てき》に強くなる。

⑩ 非礼 をわびる。

2 ——の漢字の読みがなを書きましょう。（一つ3点）

①
常 に目を配る。
非常 口《ぐち》からにげる。

②
連らくが 絶 える。
絶対 的《てき》な信《しん》らい。

③
道路が 混雑 する。
ゆかを★雑 きんでふく。

④
綿 雲《ぐも》がうかぶ。
★綿花 のさいばい。

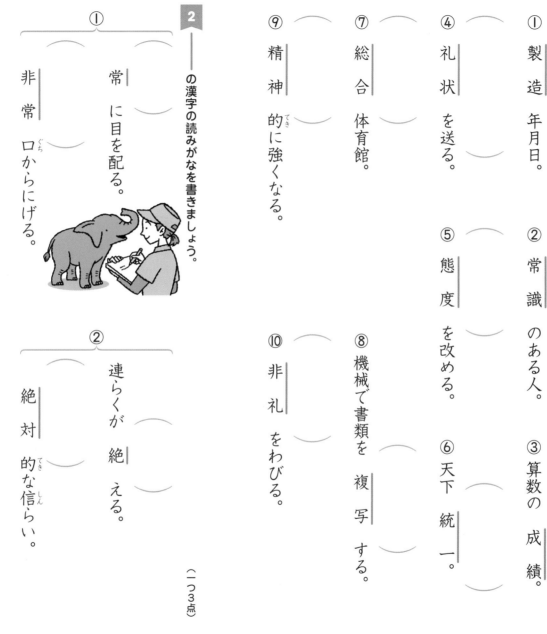

3 □に漢字を書きましょう。（一つ4点）

① □□《ふくすう》のかばん。

② □□《せいせき》を上げる。

③ □□《ちしき》を得《え》る。

④ 考えを□□《そうごう》する。

⑤ 健康□□《じょうたい》を保《たも》つ。

⑥ □□《じったい》調査《ちょうさ》の結果。

⑦ 新《しん》□□《せいひん》を開発する。

⑧ 時計《とけい》の□□《せいぞう》工場。

⑨ 本を□□《へんしゅう》する。

⑩ □□《でんとう》文化を守る。

⑪ 山で消息を□《た》つ。

⑫ 姉がセーターを□《あ》む。

4 ——のことばを漢字と送りがなで書きましょう。（一つ4点）

① ごうかな客船を<u>つくる</u>。 □

② 友人からの連らくが<u>たえる</u>。 □

33 余・舎・修・停・像

★は、読み書きをまちがえやすい漢字です。

月　日
はじめ　時　分
終わり　時　分
かかった時間　分
名前
とく点　点

（1～5は全部書いて20点）

1

① ゆび《ゆび》でなぞりましょう。

余（はねる）

② 「余」を書きましょう。

八　7画

読み方：ヨ　あまる　あます

意味：・残る　・そのほか

③ □に「余」を書きましょう。

★ □《よ》分《ぶん》なもの。

時間が□《あま》る。

2

① ゆび《ゆび》でなぞりましょう。

舎（長く）

② 「舎」を書きましょう。

八　8画

読み方：シャ　―

意味：・多くの人のための建物

③ □に「舎」を書きましょう。

新しい校《こう》□《しゃ》。

宿《しゅく》□《しゃ》。

3

① ゆび《ゆび》でなぞりましょう。

修（わすれずに）

② 「修」を書きましょう。

イ　10画

読み方：シュウ　（シュ）　おさめる　おさまる

意味：・学問を身につける　・かざる　・なおす

③ □に「修」を書きましょう。

□《しゅう》飾語《しょくご》。

機械の□《しゅう》理《り》。

学問を□《おさ》める。

素行《そこう》が□《おさ》まる。

（ふだんの行いがよくなる）

4

① ゆび《ゆび》でなぞりましょう。

停（はねる）

② 「停」を書きましょう。

イ　11画

読み方：テイ　―

意味：・とまる　・とちゅうでやめる

③ □に「停」を書きましょう。

一時□《てい》止《し》。

□《てい》留所《りゅうじょ》。

5

① ゆび《ゆび》でなぞりましょう。

像（はねる）

② 「像」を書きましょう。

イ　14画

読み方：ゾウ　―

意味：・形やすがた　・人の形ににせて作ったもの

③ □に「像」を書きましょう。

想《そう》□《ぞう》力《りょく》。

銅《どう》□《ぞう》を建てる。

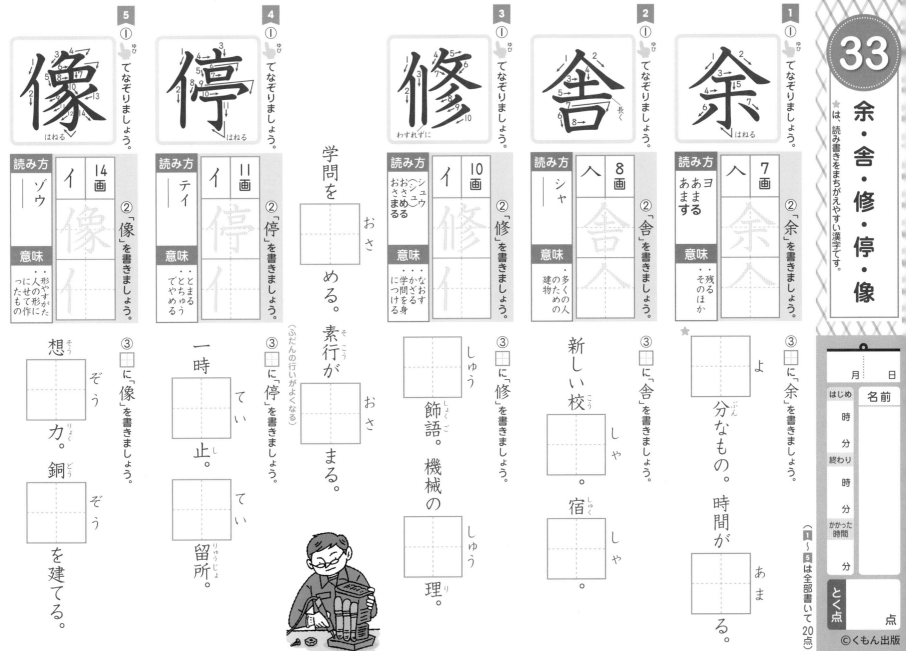

6 ――の漢字の読みがなを書きましょう。（一つ4点）

① 宿舎（　　）で生活する。

② 銅像（どう　　）を写真にとる。

③ 学問を修（　　）める。

④ 車が停止（　　）する。

⑤ 料理が余（　　）る。

⑥ 豊《ゆた》かな想像（　　）力《りょく》。

⑦ 小学校の校舎（　　）。

⑧ バスの停留所（　りゅう　）。

⑨ 修飾（　しょく）語《ご》を使う。

⑩ ★余分（　　）なものを省く。

7 □に漢字を、（　）に送りがなを書きましょう。（一つ4点）

① ★ □□（よ ぶん）に用意しておく。（分）

② □□（しゅう しょく）する言葉。（飾）

③ □□□（てい りゅう じょ）で待つ。（留・所）

④ □□（こう しゃ）を建てかえる。（校）

⑤ □□（そう ぞう）力《りょく》を働かせる。（想）

⑥ 学問を□（める）（おさめる）。

⑦ □□（どう ぞう）が建つ。（銅）

⑧ 従業員用《じゅうぎょういんよう》の□□（しゅく しゃ）。（宿）

⑨ ご飯が□（る）（あまる）。

⑩ 車が信号で□□（てい し）する。（止）

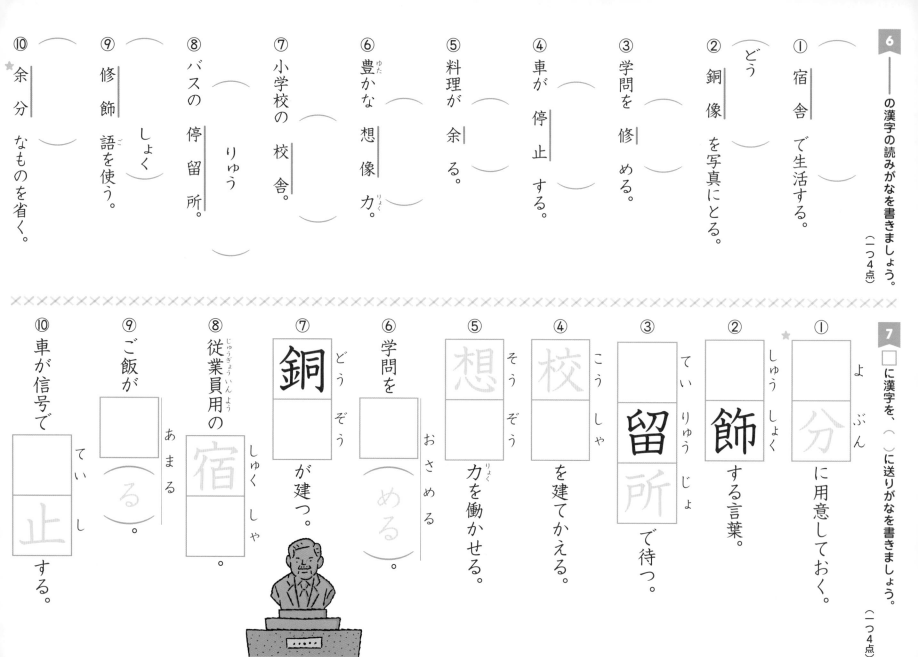

34 得・酸・素・準・備

1

①でなぞりましょう。

得

②「得」を書きましょう。

11画	彳

読み方：トク　え る　(う る)

意味：
・自分のものにする
・とくをする
・もうける

③□に「得」を書きましょう。

□《とく》意《い》な教科。力を□《え》る。

2

①でなぞりましょう。

酸

②「酸」を書きましょう。

14画	酉

読み方：サン　(すい)

意味：
・すっぱい
・「さんそ」のりゃく

③□に「酸」を書きましょう。

□《さん》素《そ》。□《さん》性《せい》雨《う》がふる。

(さんのせいしつがある雨がふる)

3

①でなぞりましょう。

素

②「素」を書きましょう。

10画	糸

読み方：ソ　(ス)　―

意味：
・もとのまま
・もとになるもの

③□に「素」を書きましょう。

自然の□《そ》材《ざい》。□《そ》質《しつ》。

4

①でなぞりましょう。

準

②「準」を書きましょう。

13画	氵

読み方：ジュン　―

意味：
・目安となるもの
・あるものに次ぐ

③□に「準」を書きましょう。

夕食の□《じゅん》備《び》。基《き》□《じゅん》。

5

①でなぞりましょう。

備

②「備」を書きましょう。

12画	亻

読み方：ビ　そな える　そな わる

意味：
・用意しておく
・そなわる
・用意

③□に「備」を書きましょう。

予《よ》□《び》知《ち》識《しき》。工場の設《せつ》□《び》。

台風に□《そな》える。気品が□《そな》わる。

(1～5は全部書いて20点)

月　日

名前

はじめ　時　分

終わり　時　分

かかった時間　分

とく点　点

6 ――の漢字の読みがなを書きましょう。（一つ4点）

① 素材（　　）を選ぶ。

② 得意（　　）になって歌う。

③ 文化祭の準備（　　）。

④ 台風に備（　　）える。

⑤ 酸素（　　）をすう。

⑥ 歌手の素質（　　）がある。

⑦ 基準（き　　）を設《もう》ける。

⑧ 新しい情報《じょうほう》を得（　　）る。

⑨ 予備（　　）の食料。

⑩ 酸性雨（　　）のひ害。

7 □に漢字を、（　）に送りがなを書きましょう。（一つ4点）

① □□《さんそ》を吸入《きゅうにゅう》する。

② 地震《じしん》に□（える）《そなえる》。

③ 運動会の□□《じゅんび》をする。

④ やわらかい□材《そざい》の服。

⑤ 母が□意《とくい》な料理。

⑥ □性雨《さんせいう》がふる。

⑦ 基□《きじゅん》に達する。

⑧ 信用を□《え》る。

⑨ □質《そしつ》にめぐまれる。

⑩ 予□《よび》のお金。

35 破・旧・暴・妻・婦

★は、読み書きをまちがえやすい漢字です。

1

① ゆび でなぞりましょう。

破

② 「破」を書きましょう。

石 10画

読み方：ハ　やぶる　やぶれる

意味：・ひきさいたりしてだめにする

③ □に「破」を書きましょう。

□《は》損《そん》する。自然□《は》かい。

約束を□《やぶ》る。紙が□《やぶ》れる。

2

① ゆび でなぞりましょう。

旧

② 「旧」を書きましょう。

日 5画

読み方：キュウ　――

意味：・古い、昔のもの　・もとの様子

③ □に「旧」を書きましょう。

復《ふっ》□《きゅう》工事。□《きゅう》友《ゆう》と会う。

3

① ゆび でなぞりましょう。

暴（「水」としない）

② 「暴」を書きましょう。

日 15画

読み方：ボウ（バク）　（あばく）　あばれる

意味：・あらあらしい　・むちゃをする

③ □に「暴」を書きましょう。

□《ぼう》風《ふう》雨《う》。馬が□《あば》れる。

4

① ゆび でなぞりましょう。

妻（つき出す）

② 「妻」を書きましょう。

女 8画

読み方：サイ　つま

意味：・結こんしている男女のうちの女

③ □に「妻」を書きましょう。

★□《さい》子《し》を養う。夫と□《つま》。

5

① ゆび でなぞりましょう。

婦（はねる）

② 「婦」を書きましょう。

女 11画

読み方：フ　――

意味：・大人の女の人　・結こんした女の人

③ □に「婦」を書きましょう。

□《ふ》人《じん》服《ふく》。老《ろう》□《ふ》人《じん》。

（1～5は全部書いて20点）

月　日

名前

はじめ　時　分

終わり　時　分

かかった時間　分

とく点　点

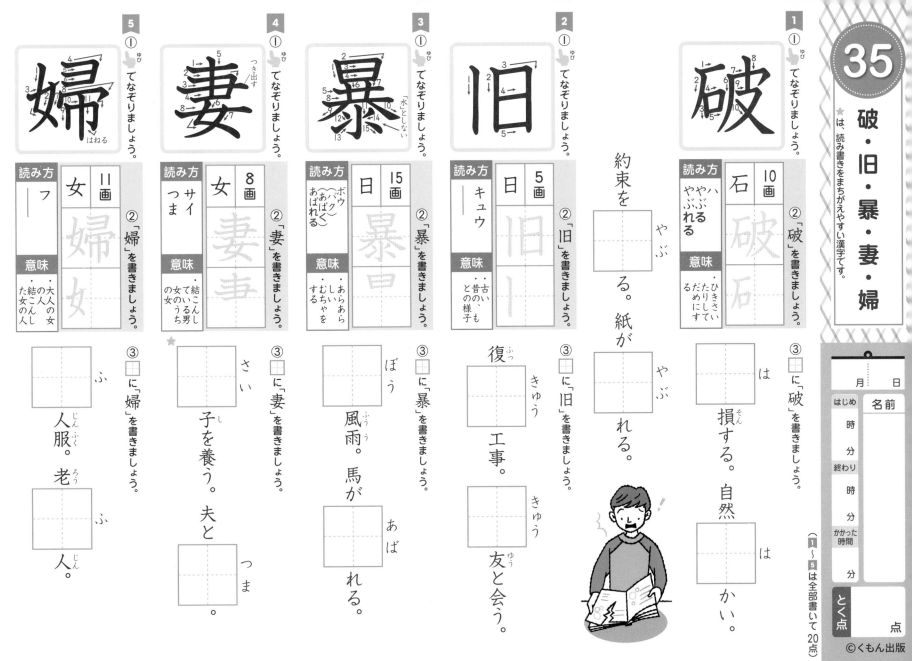

6 ――の漢字の読みがなを書きましょう。（一つ4点）

① 台風による暴風雨《う》。（　　）

② ★妻子を養う男性《だんせい》。（　　）

③ 鉄道が復旧する。（　　）

④ 婦人服《ふく》売り場。（　　）

⑤ 自然破かいが進む。（　　）

⑥ 試合で大《おお》暴れする。（　　）

⑦ 老婦人に会う。（　　）

⑧ 父の大学時代の旧友。（　　）

⑨ 妻と外出する。（　　）

⑩ 日本記録を破る。（　　）

7 □に漢字を、（　）に送りがなを書きましょう。（一つ4点）

① 夫と□《つま》の写真。

② 牛が□《あば》（れる）。

③ 障子《しょうじ》が□《やぶ》（れる）。

④ 自然□《は》かいを防《ふせ》ぐ。

⑤ 母の十年来の□《きゅう》友《ゆう》。

⑥ やさしい老《ろう》□《ふ》人《じん》。

⑦ ★□《さい》子《し》を養う。

⑧ □《ぼう》風《ふう》警報《けいほう》が出される。

⑨ □《ふ》人《じん》用《よう》のハンカチ。

⑩ 道路が復《ふっ》□《きゅう》する。

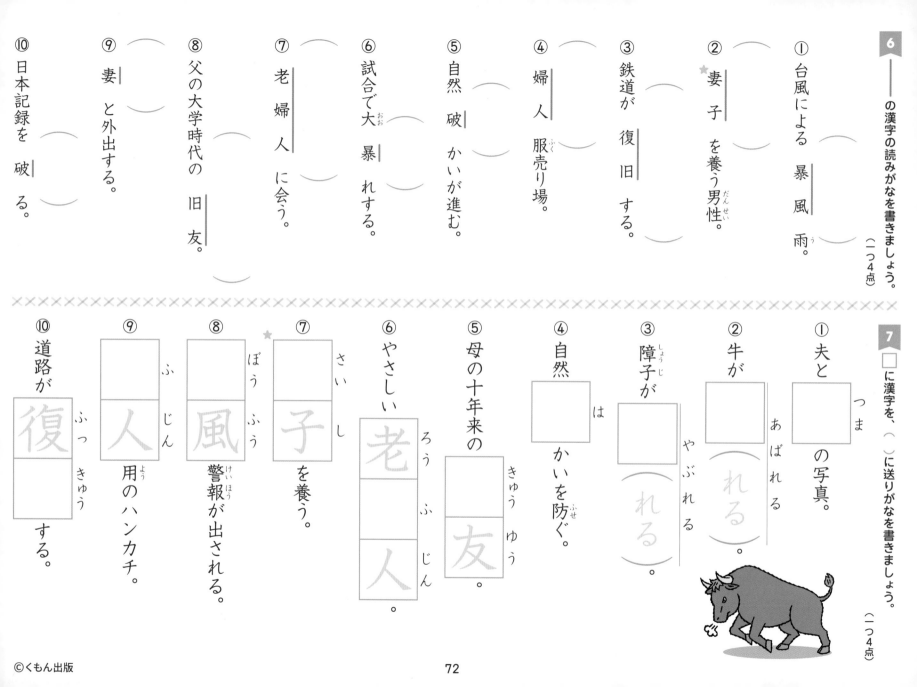

36 確認《かくにん》ドリル⑨

★は、読み書きをまちがえやすい漢字です。

月　日

はじめ　時　分
終わり　時　分
かかった時間　分

名前

とく点　点

1 ――の漢字の読みがなを書きましょう。（一つ2点）

① ★余分を省く。

② 婦人用《よう》のくつ。

③ 合格《ごうかく》の基《き》準。

④ 酸素をすう。

⑤ 旧友に会う。

⑥ 駅前の銅《どう》像。

⑦ バスの停留所《りゅうじょ》。

⑧ 校舎を建て直す。

⑨ 絵の素質がある。

⑩ ビルを破かいする。

2 ――の漢字の読みがなを書きましょう。（一つ3点）

①
得意になって話す。
多くの利益《りえき》を得る。

②
妻をむかえる。
★妻子を養う。

③
医学を修める。
修飾《しょく》する言葉。

④
台風に備える。
予備の食料。

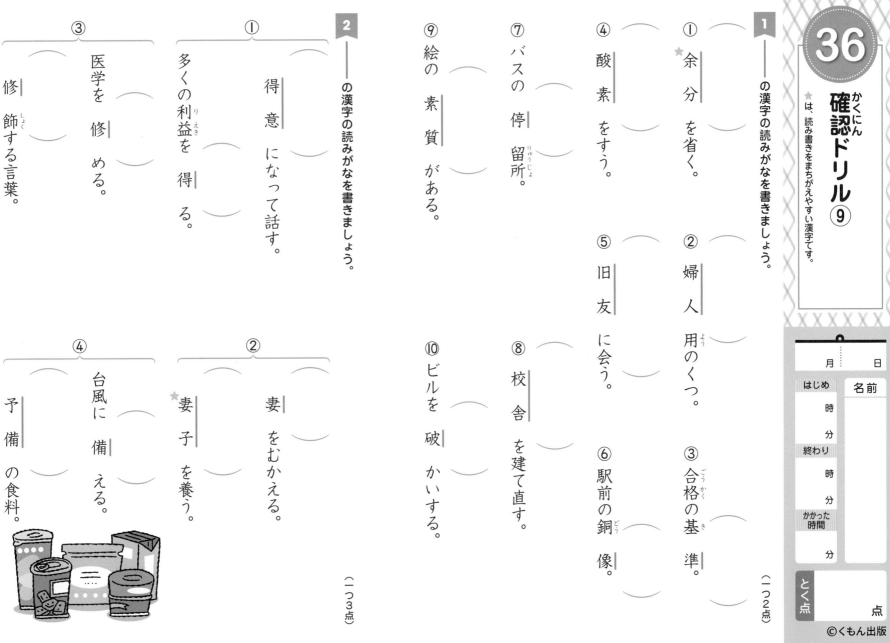

3 □に漢字を書きましょう。（一つ4点）

① □□《しゅくしゃ》での生活。

② □□《そうぞう》もつかない結果。

③ □□《ふじん》服《ふく》売り場。

④ □□□《さんせいう》がふる。

⑤ 実験の□□《じゅんび》をする。

⑥ □□《ぼうふう》から家を守る。

⑦ 服の□□《そざい》。

⑧ クラスの協力を□《え》る。

⑨ □□《ふっきゅう》工事をする。

⑩ 自然□《は》かいを防《ふせ》ぐ。

4 ――のことばを漢字と送りがなで書きましょう。（一つ4点）

① 才能《さいのう》がそなわる。 □

② 時間があまる。 □

③ 医学をおさめる。 □

④ 紙がやぶれる。 □

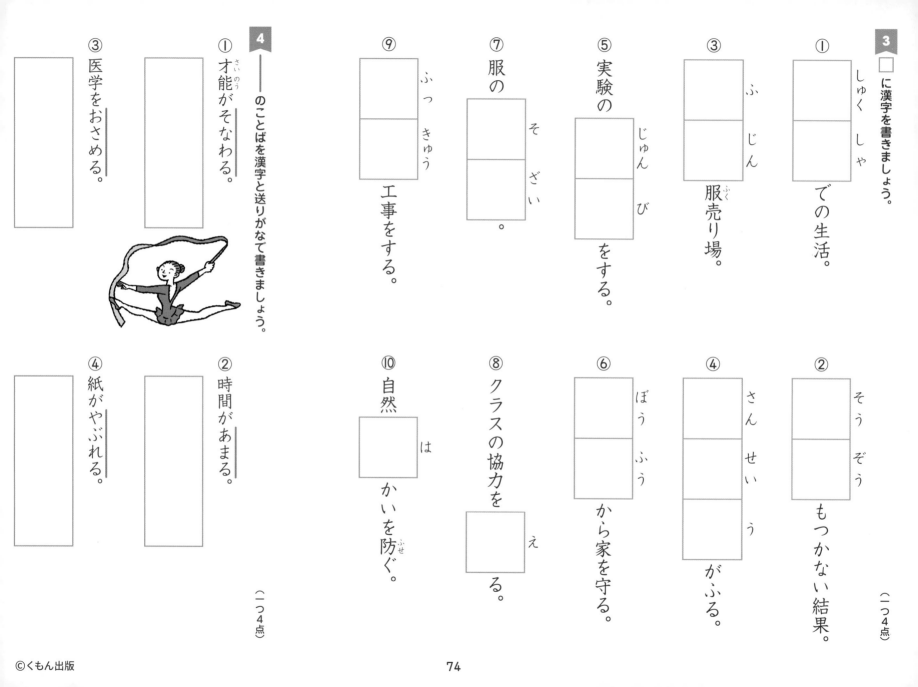

37 均・基・報・墓・境

月　日
名前
はじめ　時　分
終わり　時　分
かかった時間　分
とく点　点

（1～5は全部書いて20点）

1

①ゆび でなぞりましょう。

②「均」を書きましょう。

土　7画

読み方：キン　—

意味：・全体に等しくゆきわたる

③□に「均」を書きましょう。

□《きん》等《とう》に分ける。

平《へい》□《きん》点《てん》。

2

①ゆび でなぞりましょう。

②「基」を書きましょう。

土　11画

読み方：キ　（もと）　（もとい）

意味：・ものごとの土台となるもの

③□に「基」を書きましょう。

□《き》本《ほん》。

建築《けんちく》□《き》準《じゅん》。

3

①ゆび でなぞりましょう。

②「報」を書きましょう。

土　12画

読み方：ホウ　（むくいる）

意味：・知らせる　・おかえし

③□に「報」を書きましょう。

交通情《じょう》□《ほう》。

天気予《よ》□《ほう》。

4

①ゆび でなぞりましょう。

②「墓」を書きましょう。

土　13画

読み方：ボ　はか

意味：・はか

③□に「墓」を書きましょう。

□《ぼ》地《ち》。

□《はか》参《まい》りをする。

5

①ゆび でなぞりましょう。

②「境」を書きましょう。

土　14画

読み方：キョウ　（ケイ）　さかい

意味：・土地の区切り目　・場所　・様子

③□に「境」を書きましょう。

かん□《きょう》問題。

□《きょう》界線《かいせん》。

生死の□《さかい》。

車で県《けん》□《ざかい》を通る。

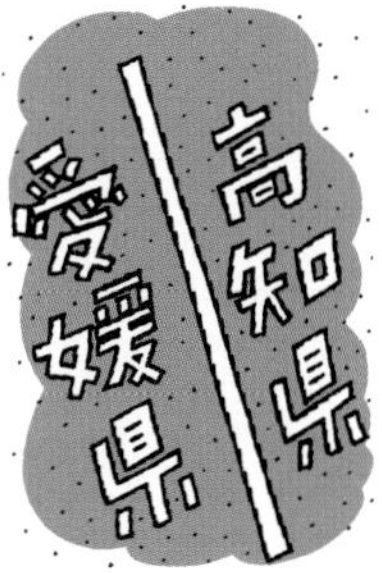

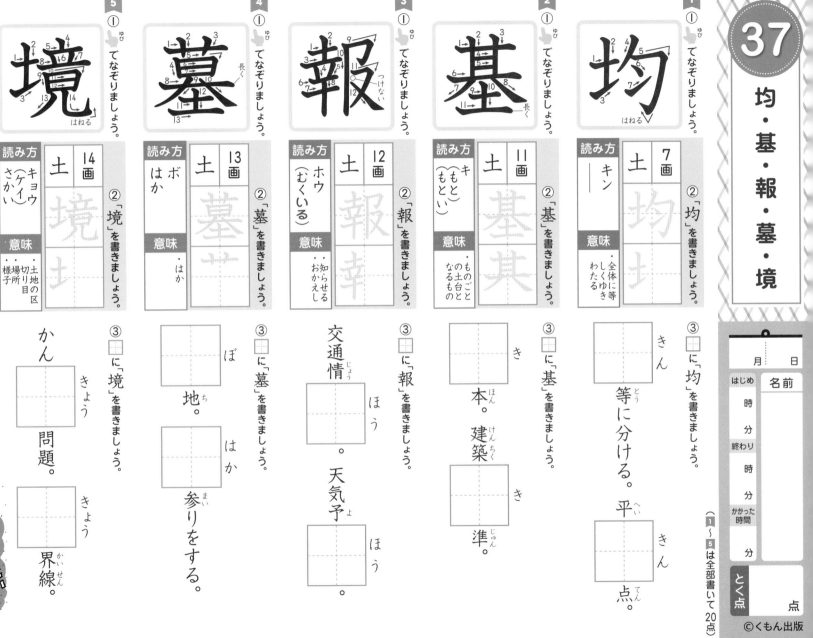

6 ——の漢字の読みがなを書きましょう。（一つ4点）

① 情報（じょう）（　　）を得《え》る。

② 基本（　　）（　　）の練習。

③ 静かな墓地（　　）（　　）。

④ 県と県の境（　　）。

⑤ 墓（　　）参《まい》りをする。

⑥ となりの市との境界（　　）（　　）。

⑦ 均等（　　）（　　）に切り分ける。

⑧ 基準（　　）（　　）を設《もう》ける。

⑨ 天気予報（　　）（　　）を見る。

⑩ 算数の平均（　　）（　　）点《てん》。

7 □に漢字を書きましょう。（一つ4点）

① 天気予□《よほう》が当たる。

② 情□《じょうほう》を集める。

③ 先祖《せんぞ》がねむる□地《ぼち》。

④ 家と家との□界《きょうかい》。

⑤ 生死の□《さかい》をさまよう。

⑥ □等《きんとう》に分ける。

⑦ 料理の□本《きほん》を学ぶ。

⑧ □《はか》参《まい》りに行く。

⑨ 平□《へいきん》より身長が高い。

⑩ 合格《ごうかく》の□準《きじゅん》点《てん》。

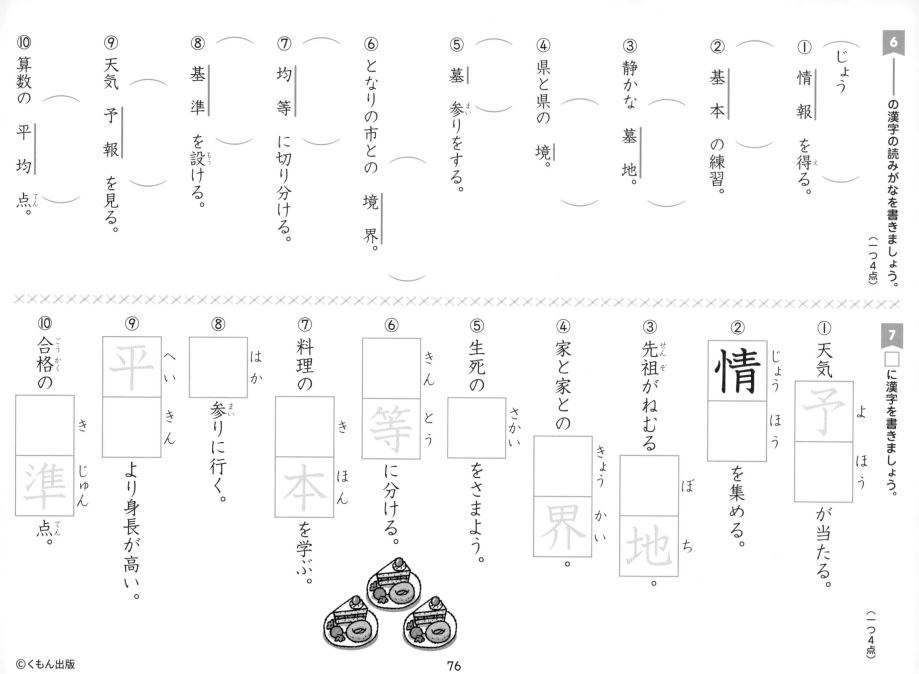

38 留・略・鉱・銅・脈

月　日

名前

はじめ　時　分

終わり　時　分

かかった時間　分

とく点　点

（1～5は全部書いて20点）

1

① でなぞりましょう。

留

読み方	田	10画
リュウ ル とまる とめる		
意味		
・とまる、とどめる		

② 「留」を書きましょう。

③ □に「留」を書きましょう。

□《りゅう》学生《がくせい》。

□《る》守《す》番《ばん》電話。

大切なことを書《か》き□《と》める。目に□《と》まる。

2

① でなぞりましょう。

略

読み方	田	11画
リャク		
意味		
・はぶく		

② 「略」を書きましょう。

③ □に「略」を書きましょう。

省《しょう》□《りゃく》する。

□《りゃく》図《ず》をかく。

3

① でなぞりましょう。

鉱　右上へ

読み方	金	13画
コウ		
意味		
・金ぞくをふくんだ岩石		

② 「鉱」を書きましょう。

③ □に「鉱」を書きましょう。

□《こう》山《ざん》で働く。

鉄《てつ》□《こう》石《せき》。

4

① でなぞりましょう。

銅

読み方	金	14画
ドウ		
意味		
・金ぞくのどう		

② 「銅」を書きましょう。

③ □に「銅」を書きましょう。

□《どう》像《ぞう》を建てる。

□《どう》メダル。

5

① でなぞりましょう。

脈　はねる

読み方	月	10画
ミャク		
意味		
・血の流れる管 ・長く続くもの		

② 「脈」を書きましょう。

③ □に「脈」を書きましょう。

アルプス山《さん》□《みゃく》。

動《どう》□《みゃく》。

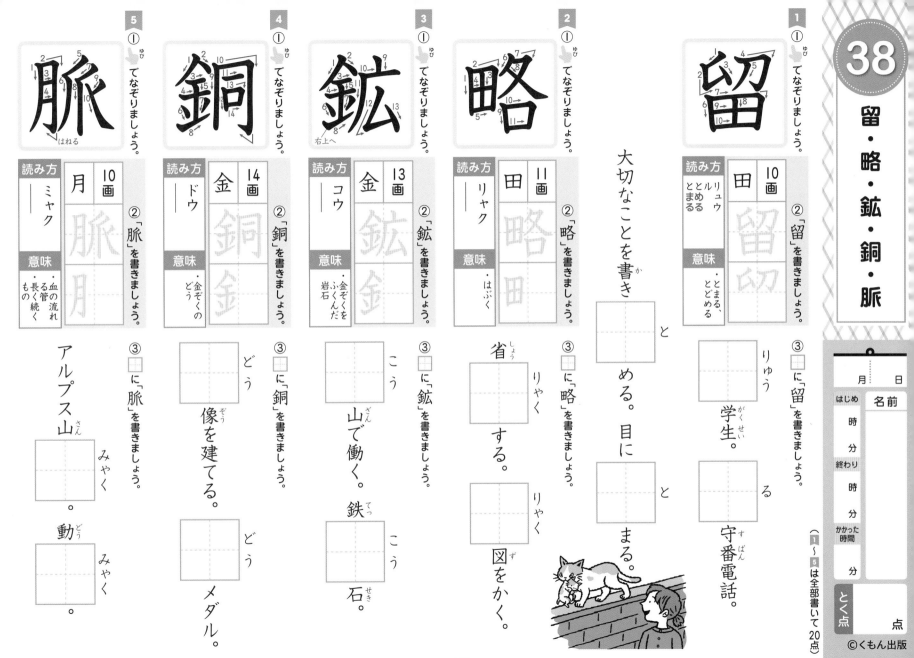

6 ━━の漢字の読みがなを書きましょう。（一つ4点）

①（　　）銅像を建てる。

②（　　）山脈が見える風景。

③（　　）説明を省略する。

④（　　）中国《ちゅうごく》からの留学生《せい》。

⑤（　　）メモに書《か》き留める。

⑥（　　）鉱山で働く。

⑦（　　）家を留守にする。

⑧（　　）血が動脈を流れる。

⑨（　　）鉄鉱石を船で運ぶ。

⑩（　　）家から学校までの略図。

7 □に漢字を、（　）に送りがなを書きましょう。（一つ4点）

① 省□《しょう りゃく》して話す。

② ノートに書《か》き□（める）《と める》。

③ □山《こう ざん》から金をほり出す。

④ アルプス山□《さん みゃく》。

⑤ 公園にある□像《どう ぞう》。

⑥ イギリスに□学《りゅう がく》する。

⑦ 東日本を結ぶ大《だい》動□《どう みゃく》。

⑧ 鉄□石《てっ こう せき》を輸《ゆ》入《にゅう》する。

⑨ 学校から駅までの□図《りゃく ず》。

⑩ □守《る す》番《ばん》電話。

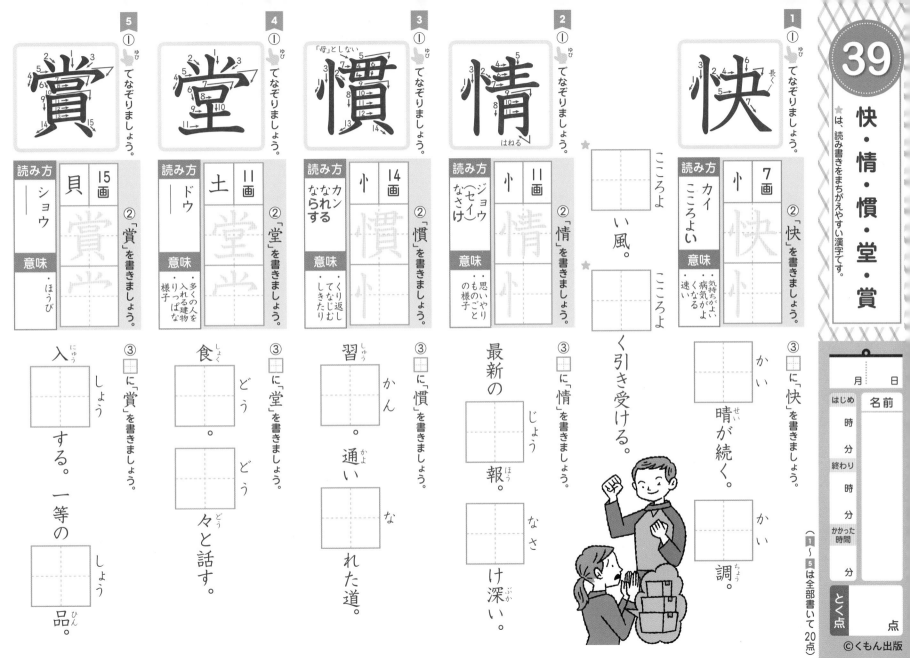

39 快・情・慣・堂・賞

★は、読み書きをまちがえやすい漢字です。

月　日

名前

はじめ　時　分

終わり　時　分

かかった時間　分

とく点　点

（1～5は全部書いて20点）

1

①ゆびでなぞりましょう。

快（長く）

②「快」を書きましょう。

忄	7画
読み方	カイ こころよい
意味	・気持ちがよい ・病気がよくなる ・速い

③□に「快」を書きましょう。

□《かい》晴《せい》が続く。

□《かい》調《ちょう》。

★□《こころよ》い風。

★□《こころよ》く引き受ける。

2

①ゆびでなぞりましょう。

情（はねる）

②「情」を書きましょう。

忄	11画
読み方	ジョウ （セイ） なさけ
意味	・思いやり ・ものごとの様子

③□に「情」を書きましょう。

最新の□《じょう》報《ほう》。

□《なさ》け深《ぶか》い。

3

①ゆびでなぞりましょう。

慣（「母」としない）

②「慣」を書きましょう。

忄	14画
読み方	カン なれる ならす
意味	・くり返してなじむ ・しきたり

③□に「慣」を書きましょう。

習《しゅう》□《かん》。

通《かよ》い□《な》れた道。

4

①ゆびでなぞりましょう。

堂

②「堂」を書きましょう。

土	11画
読み方	ドウ ―
意味	・多くの人を入れる建物 ・りっぱな様子

③□に「堂」を書きましょう。

食《しょく》□《どう》。

□《どう》々《どう》と話す。

5

①ゆびでなぞりましょう。

賞

②「賞」を書きましょう。

貝	15画
読み方	ショウ ―
意味	・ほうび

③□に「賞」を書きましょう。

入《にゅう》□《しょう》する。

一等の□《しょう》品《ひん》。

6 ――の漢字の読みがなを書きましょう。（一つ4点）

① 近くの食堂に入る。（　　）（　　）

② 入賞を喜《よろこ》ぶ。（　　）（　　）

③ 堂々とした態度《たいど》。（　　）（　　）

④ 早起きの習慣。（　　）（　　）

⑤ 新しい情報を得《え》る。（　　）（　　）

⑥ ★快い風がふく。（　　）

⑦ 歩《ある》き慣れた道。（　　）

⑧ 快晴にめぐまれる。（　　）

⑨ 一等《いっとう》賞をもらう。（　　）（　　）

⑩ 情けなく思う。（　　）

✕✕✕✕✕✕✕✕✕✕✕✕✕✕✕✕✕✕✕✕✕✕✕✕✕✕✕✕✕✕

7 □に漢字を、（　）に送りがなを書きましょう。（一つ4点）

① よい習□《しゅうかん》を身につける。

② 三位に入□《にゅうしょう》する。

③ □（け）《なさけ》深《ぶか》い人。

④ 駅前にある食□《しょくどう》。

⑤ 新しい生活に□（れる）《なれる》。

⑥ 一等の□品《しょうひん》に喜《よろこ》ぶ。

⑦ ★□（い）《こころよい》ねむりにつく。

⑧ 交通□報《じょうほう》を知らせる放送。

⑨ □晴《かいせい》の日が続く。

⑩ □々《どうどう》と話をする。

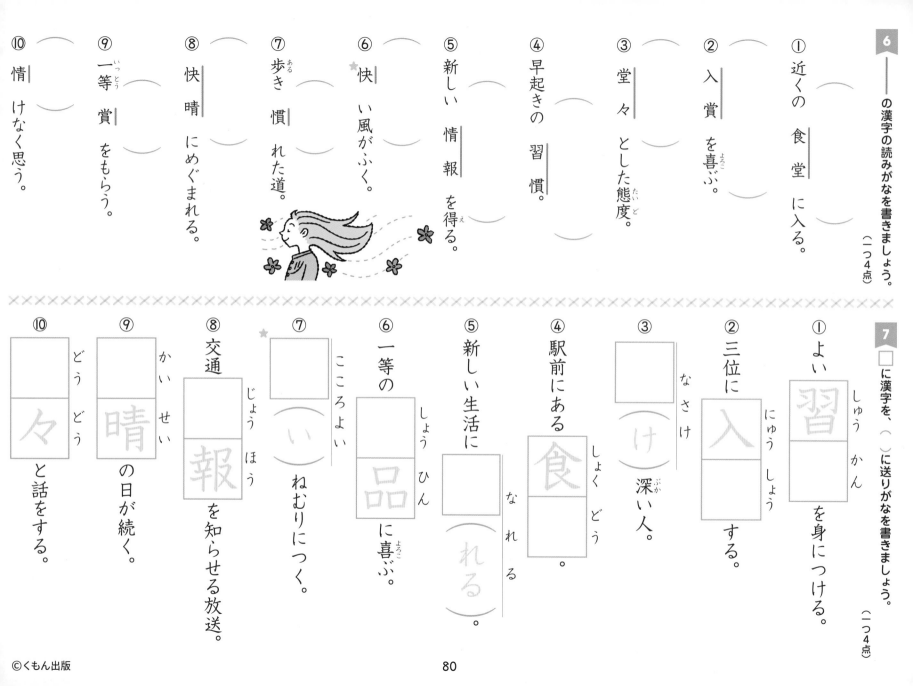

40 確認《かくにん》ドリル⑩

★は、読み書きをまちがえやすい漢字です。

月　日

はじめ　時　分
終わり　時　分
かかった時間　分

名前

とく点　点

1 ――の漢字の読みがなを書きましょう。（一つ2点）

① 入賞した人。

② 均等に分ける。

③ 快晴が続く。

④ 銅像が建つ。

⑤ 鉱山で働く。

⑥ 堂々と話す。

⑦ 最新の情報。

⑧ 文章の一部を省略する。

⑨ 合格《ごうかく》基準に達する。

⑩ ヒマラヤ山脈。

2 ――の漢字の読みがなを書きましょう。（一つ3点）

①
新しい生活に慣れる。
よい習慣が身につく。

②
家を留守にする。
アメリカに留学する。

③
おかの上にある墓地。
墓参《まい》りに行く。

④
県と県の境を流れる川。
となりの町との境界。

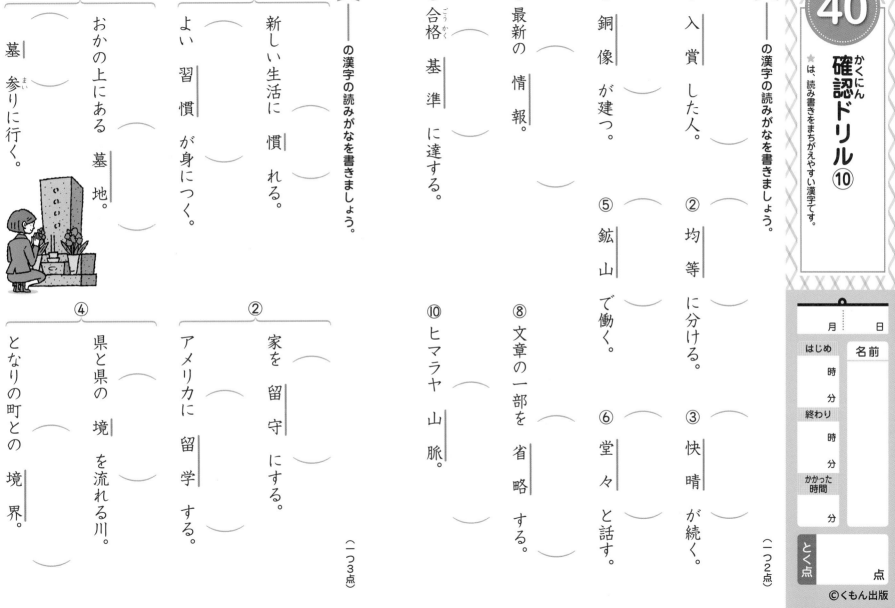

3 □に漢字を書きましょう。（一つ4点）

① クラスの□□《へいきん》点《てん》。

② アルプス□□《さんみゃく》に登る。

③ □□《かいせい》の空をあおぐ。

④ 家から駅までの□□《りゃくず》。

⑤ □□《きほん》練習をくり返す。

⑥ □□《しょうひん》をもらう。

⑦ 駅前にある□□《どうぞう》。

⑧ □□□《てっこうせき》の輸《ゆ》入《にゅう》。

⑨ 天気□□《よほう》が当たる。

⑩ □□《しょくどう》で食べる。

4 ——のことばを漢字と送りがなで書きましょう。（一つ4点）

① なさけない顔をする。

② 転校した学校になれる。

③ 道ばたの花が目にとまる。

④ ★こころよい風がふく。

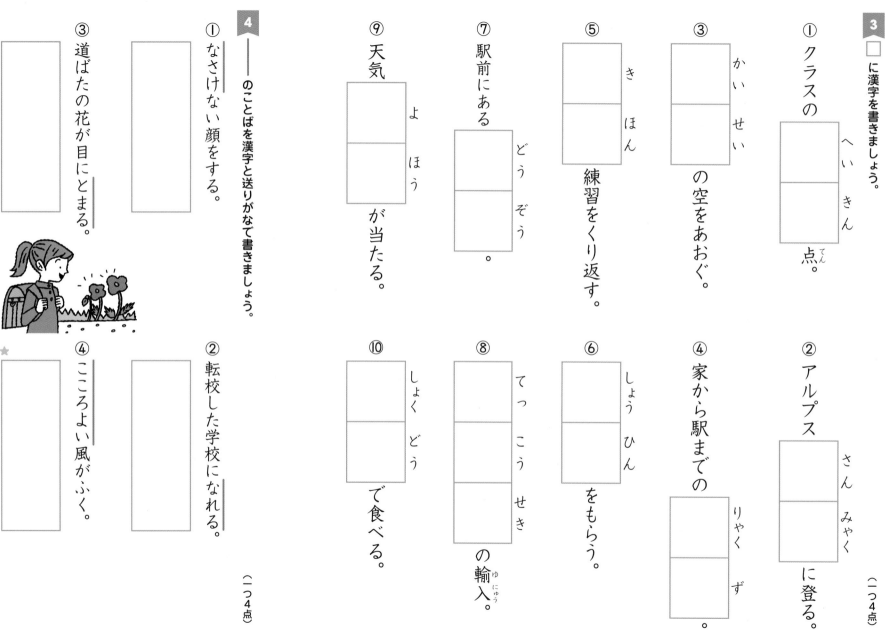

41 布・師・居・属・耕

★は、読み書きをまちがえやすい漢字です。

月　日

はじめ　時　分
終わり　時　分
かかった時間　分

名前

とく点　点

（1～5は全部書いて20点）

1

① ゆび でなぞりましょう。

布（はねる）

読み方	巾	5画
フ ぬの	布	
意味 ・きれ、ぬのの ・広くゆきわたる	ナ	

② 「布」を書きましょう。

③ □に「布」を書きましょう。

毛《もう》□《ふ》を使う。

□《ぬの》きれ。

2

① ゆび でなぞりましょう。

師（わすれずに）

読み方	巾	10画
シ ―	師	
意味 ・先生 ・せん門家	𠂤	

② 「師」を書きましょう。

③ □に「師」を書きましょう。

音楽の教《きょう》□《し》。

医《い》□《し》になる。

3

① ゆび でなぞりましょう。

居（やや長く）

読み方	尸	8画
キョ いる	居	
意味 ・住む ・住んでいるところ	尸	

② 「居」を書きましょう。

③ □に「居」を書きましょう。

古代の住《じゅう》★□《きょ》。

★転《てん》□《きょ》。

□《い》場《ば》所《しょ》。

□《い》間《ま》でくつろぐ。

4

① ゆび でなぞりましょう。

属（はねる）

読み方	尸	12画
ゾク ―	属	
意味 ・つきしたがう ・仲間	尸	

② 「属」を書きましょう。

③ □に「属」を書きましょう。

金《きん》□《ぞく》。

野球部に所《しょ》□《ぞく》する。

5

① ゆび でなぞりましょう。

耕（はらう）

読み方	耒	10画
コウ たがやす	耕	
意味 ・田畑の土をほり返してたがやす	耒	

② 「耕」を書きましょう。

③ □に「耕」を書きましょう。

★農《のう》□《こう》民族。

畑を□《たが や》す。

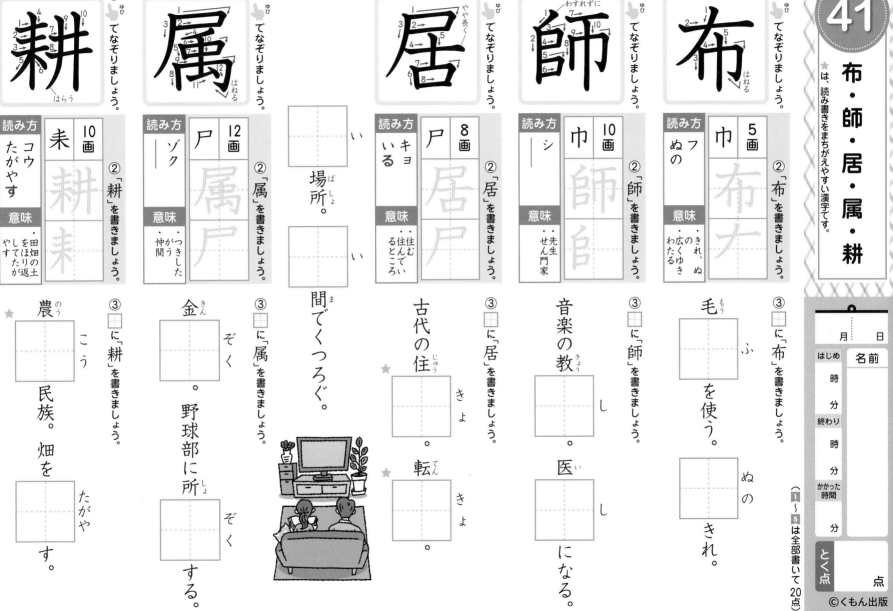

6 ——の漢字の読みがなを書きましょう。（一つ4点）

① 田畑を耕す。（　　）（　　）
② 病院の医師。（　　）
③ 合唱部に所属する。（　　）
④ ☆住居を移《うつ》る。（　　）
⑤ 毛布にくるまる。（　　）
⑥ 金属のネックレス。（　　）
⑦ 小学校の教師。（　　）
⑧ 農☆耕による生活。（　　）
⑨ 居間に集まる。（　　）
⑩ 布きれをぬい合わせる。（　　）

7 □に漢字を、（　）に送りがなを書きましょう。（一つ4点）

① 野球チームに所□《しょぞく》する。
② 新しい☆住□《じゅうきょ》をさがす。
③ 医□《いし》の国家試験。
④ 畑をくわで□《たがや》（す）。
⑤ □間《いま》でくつろぐ。
⑥ きれいな□《ぬの》を買う。
⑦ 大昔の農□《のうこう》民族。
⑧ 高温で☆金□《きんぞく》をとかす。
⑨ 音楽の教□《きょうし》になる。
⑩ ひざに毛□《もうふ》をかける。

42 毒・殺・夢・解・導

月　日
名前
はじめ　時　分
終わり　時　分
かかった時間　分
とく点　点

（1〜5は全部書いて20点）

1

① ゆび《ゆび》でなぞりましょう。

毒

② 「毒」を書きましょう。

母　8画

読み方：ドク　——

意味：・体に害のあるもの

毒　毒

③ □に「毒」を書きましょう。

消《しょう》□《どく》する。気の□《どく》。

2

① ゆび《ゆび》でなぞりましょう。

殺

② 「殺」を書きましょう。

殳　10画

読み方：サツ（サイ）（セツ）ころす

意味：・命をうばう

殺　殺

③ □に「殺」を書きましょう。

□《さっ》虫《ちゅう》ざい。息を□《ころ》す。

3

① ゆび《ゆび》でなぞりましょう。

夢

② 「夢」を書きましょう。

夕　13画

読み方：ム　ゆめ

意味：・ゆめ　・あこがれやのぞみ

夢　夢

③ □に「夢」を書きましょう。

□《む》中《ちゅう》になる。将来《しょうらい》の□《ゆめ》。

4

① ゆび《ゆび》でなぞりましょう。

解

② 「解」を書きましょう。

角　13画

読み方：カイ・（ゲ）　とく・とかす　とける

意味：・わかるようにする　・ばらばらにする

解　解

③ □に「解」を書きましょう。

理《り》□《かい》する。□《かい》決《けつ》する。

問題を□《と》く。帯を□《と》く。

5

① ゆび《ゆび》でなぞりましょう。

導

② 「導」を書きましょう。

寸　15画

読み方：ドウ　みちびく

意味：・そうなるようにしむける

導　導

③ □に「導」を書きましょう。

指《し》□《どう》する。生徒を□《みちび》く。

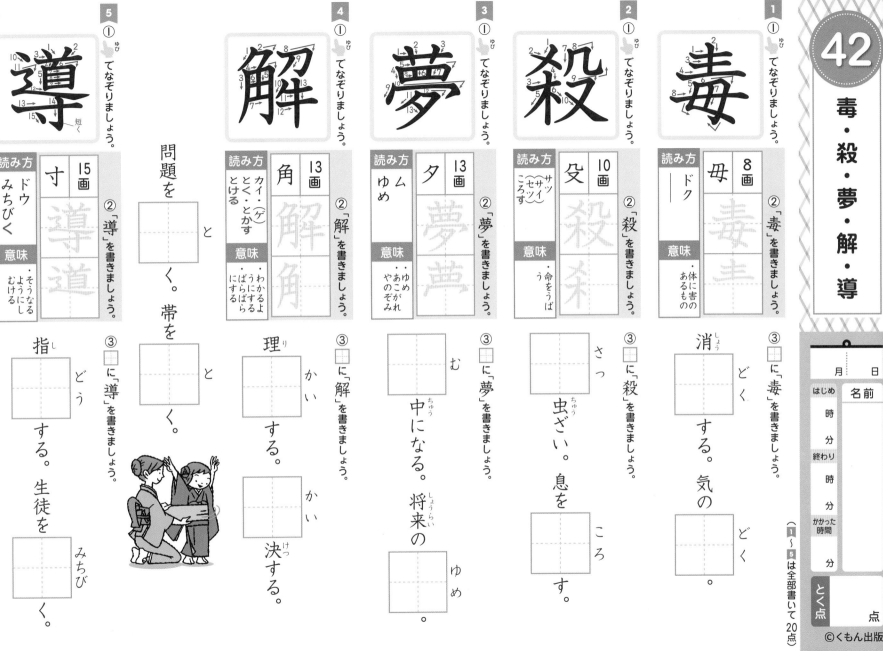

6 ——の漢字の読みがなを書きましょう。（一つ4点）

①生徒を導く。（　　）

②楽しい夢を見る。（　　）

③息を殺す。（　　）

④なぞを解く。（　　）

⑤きずを消毒する。（　　）

⑥サッカーの指導。（　　）

⑦遊びに夢中になる。（　　）

⑧気の毒に思う。（　　）

⑨話の内容《ないよう》を理解する。（　　）

⑩殺虫ざいをまく。（　　）

7 □に漢字を、（　）に送りがなを書きましょう。（一つ4点）

①将来《しょうらい》の□《ゆめ》。

②たがいの理□《りかい》を深める。

③読書に□中《むちゅう》になる。

④事件《じけん》を□決《かいけつ》する。

⑤動物の群れを□（く）《みちびく》。

⑥手を消□《しょうどく》する。

⑦むずかしい問題を□《と》く。

⑧□虫《さっちゅう》ざいをかける。

⑨水泳を指□《しどう》する先生。

⑩病原《びょうげん》きんを□（す）《ころす》。

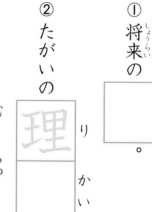

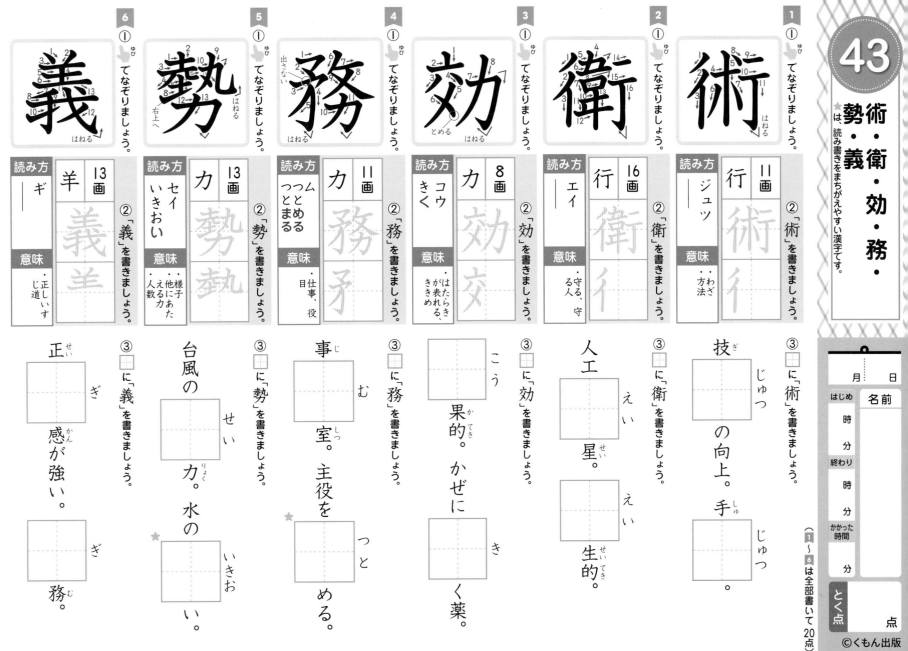

43

★は、読み書きをまちがえやすい漢字です。

術・衛・効・務・★勢・義

（1～6は全部書いて20点）

1
① ゆびでなぞりましょう。

術（はねる）

② 「術」を書きましょう。

部首	画数	読み方	意味
行	11画	ジュツ / —	・わざ ・方法

③ □に「術」を書きましょう。

技《ぎ》□《じゅつ》の向上。手《しゅ》□《じゅつ》。

2
① ゆびでなぞりましょう。

衛

② 「衛」を書きましょう。

部首	画数	読み方	意味
行	16画	エイ / —	・守る、守る人

③ □に「衛」を書きましょう。

人工□《えい》星《せい》。□《えい》生《せい》的《てき》。

3
① ゆびでなぞりましょう。

効（とめる）（はねる）

② 「効」を書きましょう。

部首	画数	読み方	意味
力	8画	コウ / きく	・はたらきが表れる、ききめ

③ □に「効」を書きましょう。

□《こう》果《か》的《てき》。かぜに□《き》く薬。

4
① ゆびでなぞりましょう。

務（出さない）（はねる）

② 「務」を書きましょう。

部首	画数	読み方	意味
力	11画	ム / つとめる / つとまる	・仕事、役目

③ □に「務」を書きましょう。

事《じ》□《む》室《しつ》。主役を★□《つと》める。

5
① ゆびでなぞりましょう。

勢（右上へ）（はねる）

② 「勢」を書きましょう。

部首	画数	読み方	意味
力	13画	セイ / いきおい	・様子 ・他にあたえる力 ・人数

③ □に「勢」を書きましょう。

台風の□《せい》力《りょく》。水の★□《いきお》い。

6
① ゆびでなぞりましょう。

義（はねる）

② 「義」を書きましょう。

部首	画数	読み方	意味
羊	13画	ギ / —	・正しい すじ道

③ □に「義」を書きましょう。

正《せい》□《ぎ》感《かん》が強い。□《ぎ》務《む》。

月　日

はじめ　時　分

終わり　時　分

かかった時間　分

名前

とく点　点

7 ――の漢字の読みがなを書きましょう。（一つ4点）

① 権利《けんり》と義務。

② 人工衛星。

③ 低気圧《ていきあつ》の勢力。

④ 効果的《てき》な練習。

⑤ 衛生に気をつける。

⑥ 工業技術が進歩する。

⑦ ★勢いよく投げる。

⑧ 大役を★務める。

⑨ 美術館《かん》へ行く。

⑩ 薬がよく効いた。

8 □に漢字を、（　）に送りがなを書きましょう。（一つ4点）

① 頭痛《ずつう》に□《き》く薬。

② □生《えいせい》的《てき》なパン工場。

③ 議長を★□（める）《つとめる》。

④ 価値《かち》のある美□《びじゅつ》品《ひん》。

⑤ 台風の□力《せいりょく》が強い。

⑥ 技□《ぎじゅつ》を身につける。

⑦ 薬の□果《こうか》が出る。

⑧ □星《えいせい》放送の番組。

⑨ □□《ぎむ》教育の年数。

⑩ ★□（い）《いきおい》よく飛びこむ。

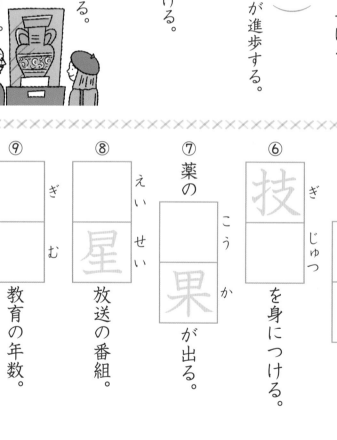

44 確認《かくにん》ドリル⑪

★は、読み書きをまちがえやすい漢字です。

月　日
はじめ　時　分
終わり　時　分
かかった時間　分
名前
とく点　点

1 ―の漢字の読みがなを書きましょう。（一つ2点）

① 音楽の教師。

② 美術館《かん》に行く。

③ 衛生的《てき》。

④ 貴《き》金属。

⑤ 居間で過《す》ごす。

⑥ 農★耕民族。

⑦ 正義感《かん》が強い。

⑧ 住★居を移《うつ》す。

⑨ 指導を受ける。

⑩ 消毒液《えき》であらう。

2 ―の漢字の読みがなを書きましょう。（一つ2点）

①
★勢いよく飛び出す。
台風の勢力が強い。

②
殺虫ざい。
かやはえを殺す。

③
きれいな色の布。
毛布をかける。

④
夢を思いえがく。
夢中になって話す。

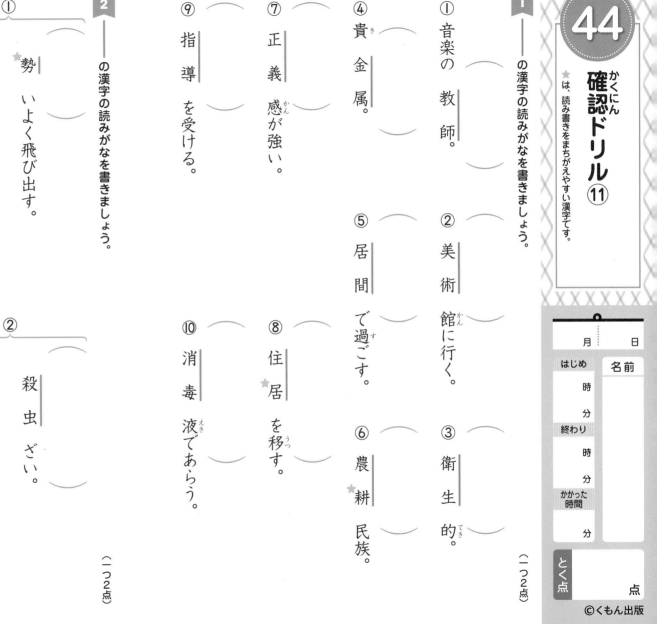

3 □に漢字を書きましょう。（一つ4点）

① かぜに□《き》く薬。

② □□《りかい》を深める。

③ □□《ぎむ》を果たす。

④ 歯科□□《いし》の父。

⑤ 薬の□□《こうか》が表れる。

⑥ □□《えいせい》放送を見る。

⑦ □□《ぎじゅつ》をみがく。

⑧ チームに□□《しょぞく》する。

⑨ □□《じむ》的《てき》な仕事。

⑩ ★ 新しい□□《じゅうきょ》。

4 ――のことばを漢字と送りがなで書きましょう。（一つ4点）

① 勝利へと<u>みちびく</u>。 □

② なぞが<u>とける</u>。 □

③ キャプテンを<u>つとめる</u>。 ★□

④ いねの害虫を<u>ころす</u>。 □

⑤ <u>いきおい</u>よく水が出る。 ★□

⑥ 田畑を<u>たがやす</u>。 □

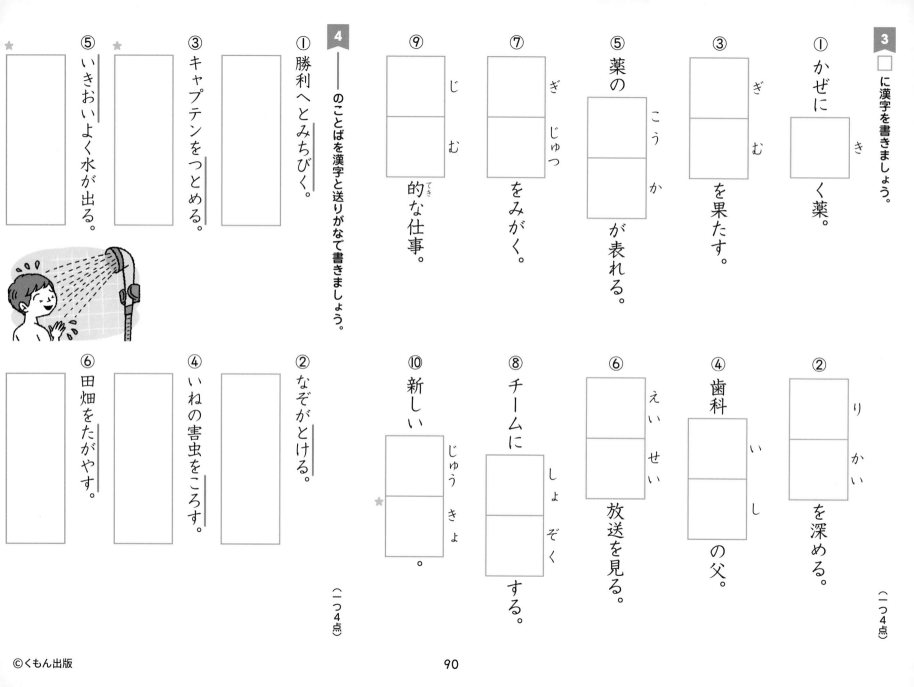

45 災・燃・設・謝・護

★は、読み書きをまちがえやすい漢字です。

月　日

名前

はじめ　時　分

終わり　時　分

かかった時間　分

とく点　点

（1～5は全部書いて20点）

1

① ゆびでなぞりましょう。

災

② 「災」を書きましょう。

火	7画

読み方：サイ　（わざわい）

意味：・思いがけなく起こる悪いできごと

③ □に「災」を書きましょう。

火《か》□《さい》を防《ふせ》ぐ。

自然□《さい》害《がい》。

2

① ゆびでなぞりましょう。

燃

② 「燃」を書きましょう。

火	16画

読み方：ネン　もえる　もやす・もす

意味：・もえる

③ □に「燃」を書きましょう。

□《ねん》料《りょう》にする。

□《も》えるごみ。

木を□《も》やす。

まきを□《も》す。

3

① ゆびでなぞりましょう。

設

② 「設」を書きましょう。

言	11画

読み方：セツ　もうける

意味：・そなえつける

③ □に「設」を書きましょう。

建《けん》□《せつ》現場《げんば》。

★席を□《もう》ける。

4

① ゆびでなぞりましょう。

謝

② 「謝」を書きましょう。

言	17画

読み方：シャ　（あやまる）

意味：・お礼を言う　・あやまる

③ □に「謝」を書きましょう。

感《かん》□《しゃ》する。

□《しゃ》礼《れい》の品。

5

① ゆびでなぞりましょう。

護

② 「護」を書きましょう。

言	20画

読み方：ゴ　―

意味：・かばい守る

③ □に「護」を書きましょう。

自然保《ほ》□《ご》。

弁《べん》□《ご》士《し》。

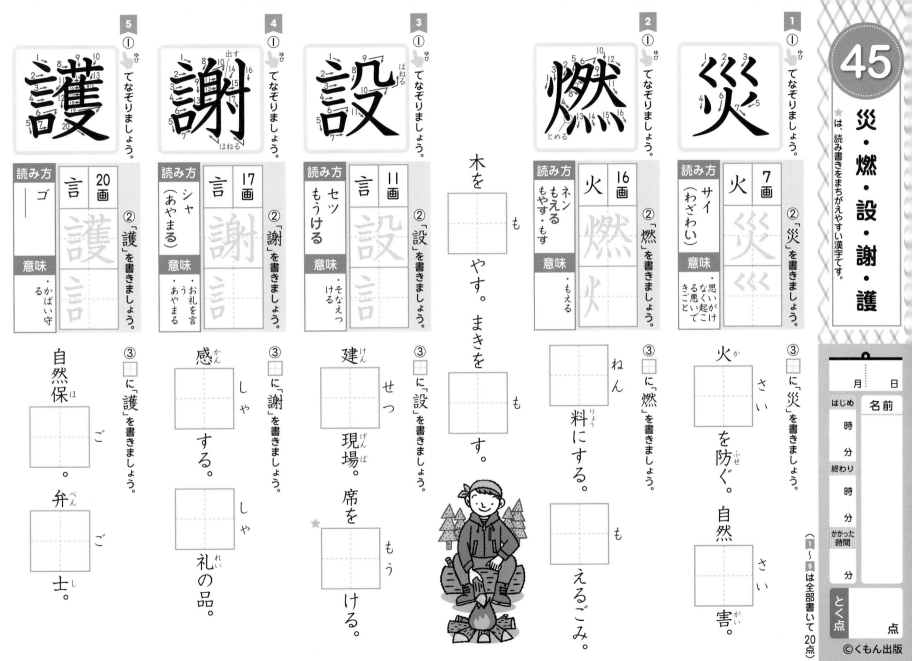

6 ——の漢字の読みがなを書きましょう。（一つ4点）

① 相手に感謝（　　）する。

② 燃（　　）えるごみを出す。

③ 野鳥を保護（　　）する。

④ 火災（　　）を未然に防《ふせ》ぐ。

⑤ 建設（　　）現場《げんば》で働く。

⑥ 災害（　　）に備《そな》える。

⑦ 弁護士（　　）になる。

⑧ 謝礼（　　）の品物をもらう。

⑨ 飛行機の燃料（　　）。

⑩ 制限《せいげん》速度を★設（　　）ける。

7 □に漢字を、（　）に送りがなを書きましょう。（一つ4点）

① □害（さいがい）から復興《ふっこう》する。

② □礼（しゃれい）の品がとどく。

③ □料（ねんりょう）を供給《きょうきゅう》する。

④ 会う機会を★□（ける）（もうける）。

⑤ 火□（かさい）報知器《ほうちき》の点検《てんけん》。

⑥ 弁□士（べんごし）の仕事。

⑦ たきぎが□（える）（もえる）。

⑧ 感□（かんしゃ）の気持ちを伝える。

⑨ ビルを建□（けんせつ）する。

⑩ 自然保□（ほご）の団体《だんたい》。

46 貯・領・額・築・輸

1

① ゆびでなぞりましょう。

貯

はねる

② 「貯」を書きましょう。

貝	12画
読み方	チョ
	―
意味	・たくわえる

③ □に「貯」を書きましょう。

□《ちょ》金箱《きんばこ》。

□《ちょ》水池《すいち》。

2

① ゆびでなぞりましょう。

領

とめる

② 「領」を書きましょう。

頁	14画
読み方	リョウ
	―
意味	・し配する ・受け取る ・大切なところ

③ □に「領」を書きましょう。

国の□《りょう》土《ど》。

要《よう》□《りょう》がよい。

3

① ゆびでなぞりましょう。

額

とめる

② 「額」を書きましょう。

頁	18画
読み方	ガク
	ひたい
意味	・お金の高 ・絵のがく ・ひたい

③ □に「額」を書きましょう。

一定の金《きん》□《がく》。

広い□《ひたい》。

4

① ゆびでなぞりましょう。

築

はねる

② 「築」を書きましょう。

⺮	16画
読み方	チク
	きずく
意味	・建物や港などをつくる

③ □に「築」を書きましょう。

建《けん》□《ちく》家《か》。

家を新《しん》□《ちく》する。

関係を□《きず》く。

城を□《きず》く。

5

① ゆびでなぞりましょう。

輸

わすれずに

② 「輸」を書きましょう。

車	16画
読み方	ユ
	―
意味	・物を運ぶ

③ □に「輸」を書きましょう。

□《ゆ》入《にゅう》する。

木材の□《ゆ》送《そう》。

月　日

はじめ　時　分

終わり　時　分

かかった時間　分

名前

とく点　点

（1～5は全部書いて12点）

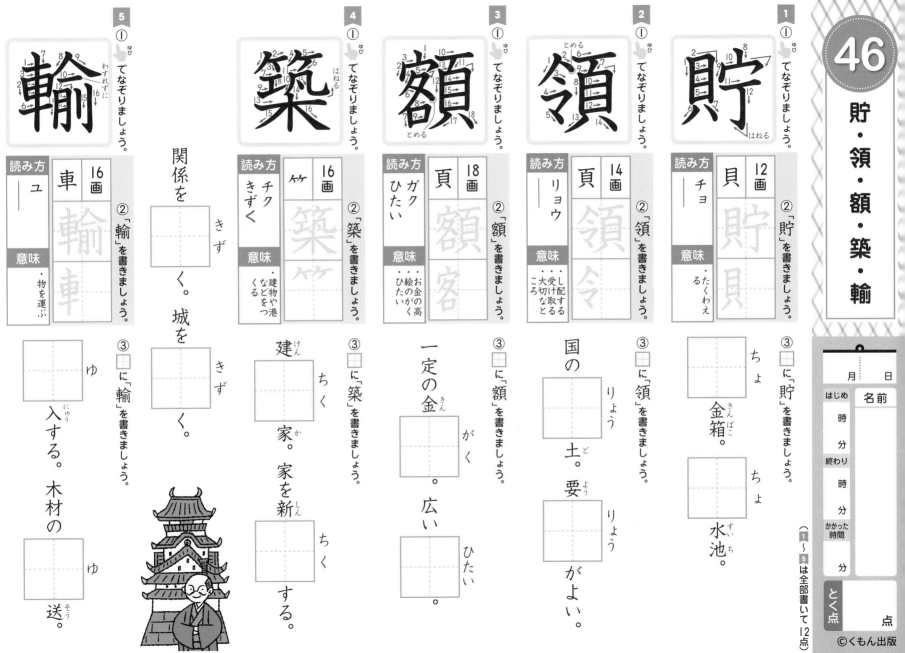

6 ――の漢字の読みがなを書きましょう。（一つ4点）

① 建築家《か》になる。（　　）

② 領土を治める。（　　）

③ 石油を輸入する。（　　）

④ 貯金した金額。（　　）（　　）

⑤ 新築の家が多い。（　　）

⑥ 信《しん》らいを築く。（　　）

⑦ 貯水池の水。（　　）

⑧ 貨物を輸送する。（　　）

⑨ 要領を得《え》ない話。（　　）

⑩ 額のあせをふく。（　　）

7 □に漢字を、（　）に送りがなを書きましょう。（一つ4点）

① 要□《ようりょう》よく作業する。

② 新□《しんちく》の家に住む。

③ □水池《ちょすいち》。

④ ねこの□《ひたい》ほどの広さ。
（たいへんせまい場所のたとえ）

⑤ 高層《こうそう》の建□《けんちく》物《ぶつ》。

⑥ □金《ちょきん》の金□《きんがく》。

⑦ トラックで□送《ゆそう》する。

⑧ 国の□土《りょうど》。

⑨ 伝統《でんとう》を□（く）《きずく》。

⑩ 小麦を□入《ゆにゅう》する。

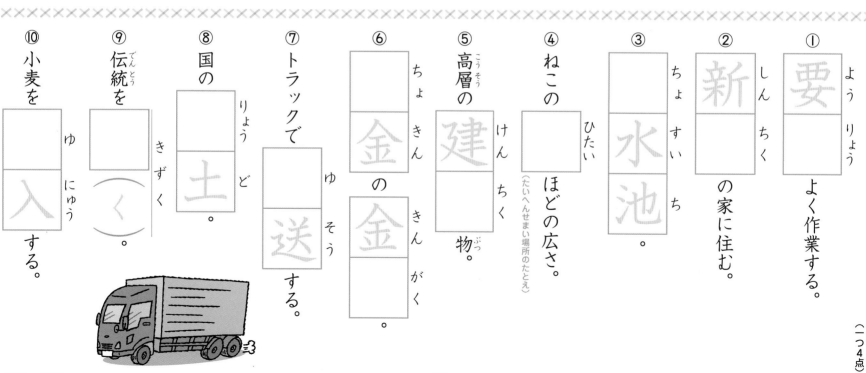

47 確認《かくにん》ドリル⑫

★は、読み書きをまちがえやすい漢字です。

月　日
はじめ　時　分
終わり　時　分
かかった時間　分
名前
とく点　点

1 ――の漢字の読みがなを書きましょう。（一つ2点）

① 木を燃やす。
② 要領がよい。
③ 貯金する。
④ 弁護する。
⑤ アンケートの謝礼。
⑥ 森林保護。
⑦ 船で輸送する。
⑧ 災害に備《そな》える。
⑨ 火災を防《ふせ》ぐ。
⑩ 感謝の気持ち。
⑪ 国の領土。

2 ――の漢字の読みがなを書きましょう。（一つ3点）

① 希望に燃える。
　自動車の燃料。
② ビルを建設する。
　会う機会を★設ける。
③ 有名な建築家《か》。
　関係を築く。
④ 金額の合計。
　額からあせが出る。

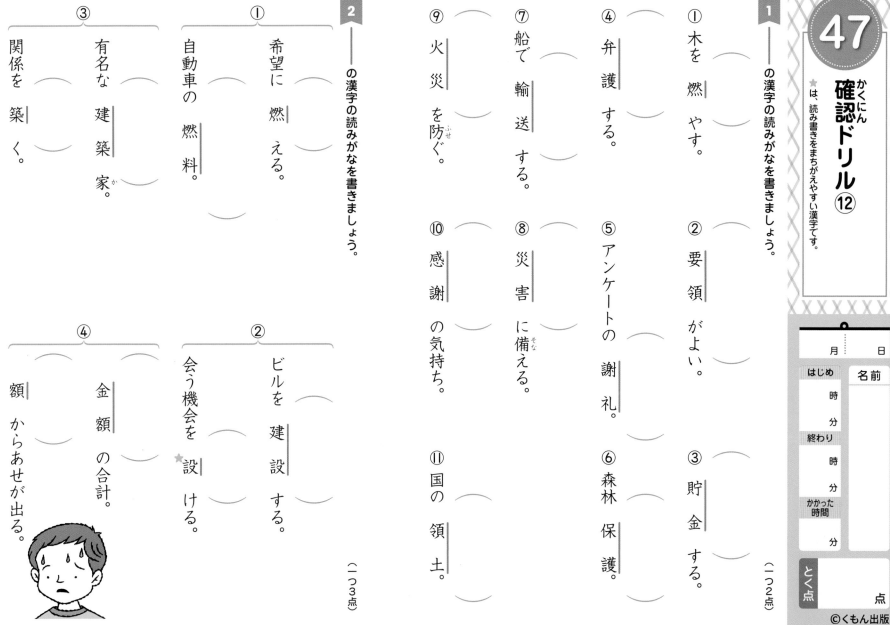

3 □に漢字を書きましょう。（一つ3点）

① 動物を□□《ほご》する。

② □□《けんせつ》現場《げんば》で働く。

③ □□《かんしゃ》の気持ち。

④ バッグを□□《ゆにゅう》する。

⑤ □□《しんちく》の家に住む。

⑥ □□《りょうど》を治める。

⑦ □□《かさい》を防《ふせ》ぐ。

⑧ □□《ちょきん》箱《ばこ》。

⑨ ねこの□《ひたい》ほどの広さ。

⑩ 飛行機の□□《ねんりょう》。

⑪ □□□《べんごし》を志《こころざ》す。

⑫ 本の□□《きんがく》。

4 ―のことばを漢字と送りがなで書きましょう。（一つ6点）

① 機会を<u>もうける</u>。 □

② たきぎが<u>もえる</u>。 □

★③ 友人関係を<u>きずく</u>。 □

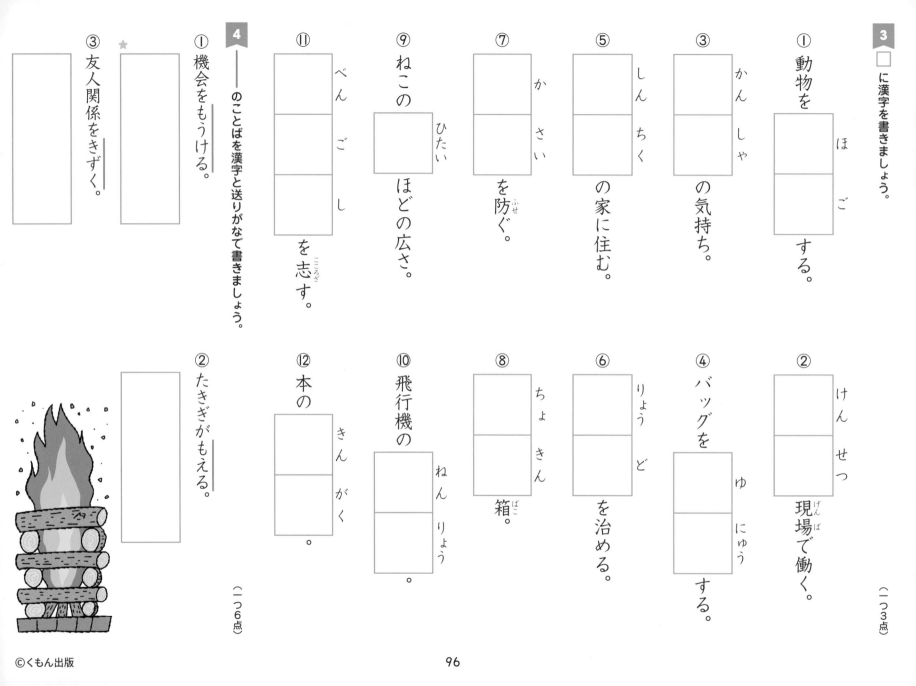

48

航・救・象・喜・犯・罪

1

① ゆび でなぞりましょう。

航

はねる

② 「航」を書きましょう。

舟　10画

読み方：コウ　―

意味：・水上、水中、空中を乗り物で進む

③ □に「航」を書きましょう。

□《こう》空機《くうき》。船の□《こう》路《ろ》。

2

① ゆび でなぞりましょう。

救

② 「救」を書きましょう。

攵　11画

読み方：キュウ　すくう

意味：・助ける

③ □に「救」を書きましょう。

□《きゅう》急車《きゅうしゃ》。命を□《す》く う。

3

① ゆび でなぞりましょう。

象

② 「象」を書きましょう。

豕　12画

読み方：ショウ　ゾウ　―

意味：・動物のぞう　・目に見える形

③ □に「象」を書きましょう。

良い印《いん》□《しょう》。インド□《ぞう》。

4

① ゆび でなぞりましょう。

喜

② 「喜」を書きましょう。

口　12画

読み方：キ　よろこぶ

意味：・うれしがる　・楽しい

③ □に「喜」を書きましょう。

□《き》げき。勝利を□《よろこ》ぶ。

5

① ゆび でなぞりましょう。

犯

はねる

② 「犯」を書きましょう。

犭　5画

読み方：ハン　(おかす)

意味：・悪いことをする　・きそくをやぶる

③ □に「犯」を書きましょう。

□《はん》罪《ざい》を防《ふせ》ぐ。□《はん》人《にん》。

6

① ゆび でなぞりましょう。

罪

② 「罪」を書きましょう。

罒　13画

読み方：ザイ　つみ

意味：・悪い行いしてはいけないこと

③ □に「罪」を書きましょう。

謝《しゃ》□《ざい》。□《つみ》をおかす。

（1～6は全部書いて20点）

月　日

名前

はじめ　時　分

終わり　時　分

かかった時間　分

とく点　点

7 ――の漢字の読みがなを書きましょう。（一つ4点）

① アフリカ象。（　　　）
② 犯罪の件《けん》数《すう》が減《へ》る。（　　　）
③ 人の命を救う。（　　　）
④ 航空機のチケット。（　　　）
⑤ 印象が強い。（　　　）
⑥ 罪をつぐなう。（　　　）
⑦ みんなが喜ぶ。（　　　）
⑧ 外国船の航路。（　　　）
⑨ 喜げきを見て笑う。（　　　）
⑩ 救急車が通る。（　　　）

8 □に漢字を、（　）に送りがなを書きましょう。（一つ4点）

① □人《はんにん》が車でにげる。
② インド□《ぞう》の長い鼻。
③ □急車《きゅうきゅうしゃ》のサイレン。
④ フェリーの□路《こうろ》。
⑤ □《き》げきの役者。
⑥ 外国の□空機《こうくうき》。
⑦ 印□《いんしょう》深《ぶか》い出来事。
⑧ ほめられて□（ぶ）《よろこぶ》。
⑨ 小鳥の命を□（う）《すくう》。
⑩ 謝□《しゃざい》の手紙を書く。

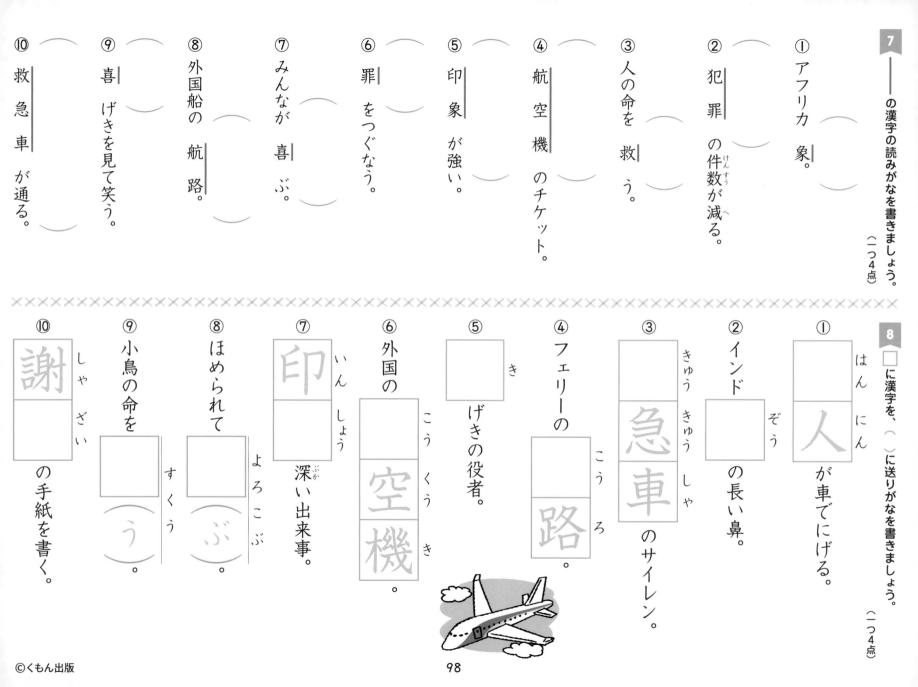

49

構・講・織・職・興

★は、読み書きをまちがえやすい漢字です。

月 日

名前

はじめ 時 分

終わり 時 分

かかった時間 分

とく点 点

(1～5は全部書いて20点)

1

① ゆび でなぞりましょう。

構

出す　はねる

② 「構」を書きましょう。

木	14画

読み方：コウ　かまえる　かまう

意味：・組み立てる　・心や体のじゅんび

③ □に「構」を書きましょう。

作品の□《こう》成《せい》。

□《こう》想《そう》を練る。

★りっぱな店を□《かま》える。

★転んでも□《かま》わない。

2

① ゆび でなぞりましょう。

講

② 「講」を書きましょう。

言	17画

読み方：コウ　—

意味：・わかるようにきちんと説明する

③ □に「講」を書きましょう。

□《こう》演会《えんかい》。

大学の□《こう》堂《どう》。

3

① ゆび でなぞりましょう。

織

はねる

② 「織」を書きましょう。

糸	18画

読み方：(ショク)　シキ　おる

意味：・ぬのをおる　・組み立てる

③ □に「織」を書きましょう。

組《そ》□《しき》。

布《ぬの》を□《お》る。

4

① ゆび でなぞりましょう。

職

② 「職」を書きましょう。

耳	18画

読み方：ショク　—

意味：・おもに手でする仕事　・役目

③ □に「職」を書きましょう。

父親の□《しょく》業《ぎょう》。

□《しょく》員室《いんしつ》。

5

① ゆび でなぞりましょう。

興

はねない

② 「興」を書きましょう。

臼	16画

読み方：コウ　キョウ　(おこる)(おこす)

意味：・おもしろみ　・さかんになる

③ □に「興」を書きましょう。

復《ふっ》□《こう》する。

□《きょう》味《み》をもつ。

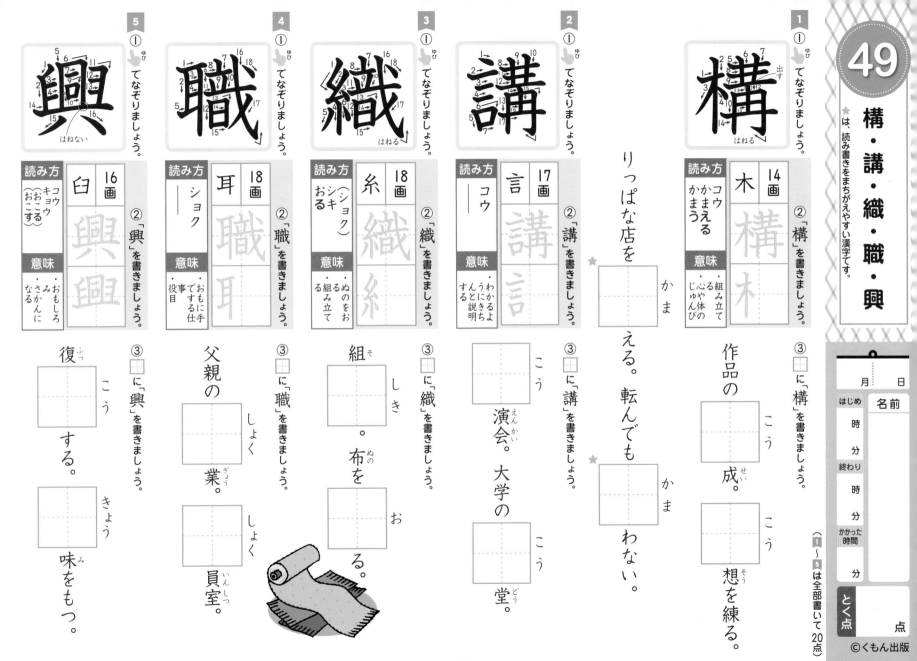

6 ━の漢字の読みがなを書きましょう。（一つ４点）

① はたを織る仕事。

② 星に興味がある。

③ 講堂で集会がある。

④ 職員室《しつ》に入る。

⑤ 武士《ぶし》が刀を★構える。

⑥ 児童会の組織。

⑦ 古い都市の復興。

⑧ 講演会《かい》に出かける。

⑨ 将来《しょうらい》、つきたい職業。

⑩ 文章の構成を考える。

7 □に漢字を、（　）に送りがなを書きましょう。（一つ４点）

① 市役所の□員《しょくいん》。

② きぬ糸で布《ぬの》を□《お》る。

③ 委員会の□成《こうせい》員《いん》。

④ 大学教授《きょうじゅ》の□演《こうえん》会《かい》。

⑤ 災害地《さいがいち》の復□《ふっこう》を急ぐ。

⑥ 全員が組□《そしき》的《てき》に動く。

⑦ 大学の□堂《こうどう》に集まる。

⑧ 父の□業《しょくぎょう》を話す。

⑨ 駅前に店を□（える）《かまえる》。

⑩ □味《きょうみ》★が広がる。

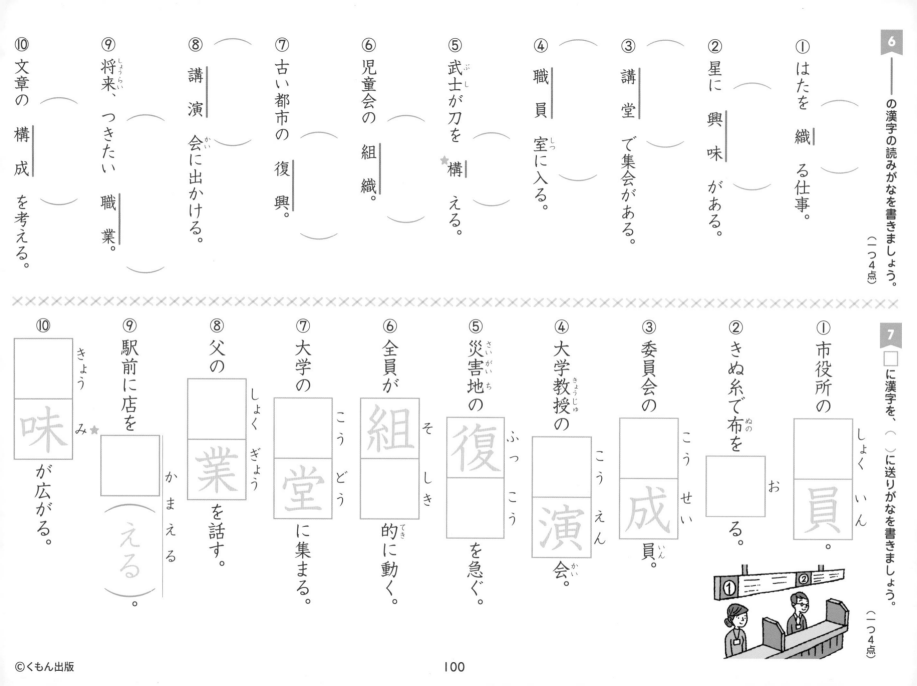

50
確認《かくにん》ドリル⑬

★は、読み書きをまちがえやすい漢字です。

月　日

はじめ　時　分
終わり　時　分
かかった時間　分

名前

とく点　点

1 ―の漢字の読みがなを書きましょう。（一つ2点）

① 好きな職業につく。

② 大学の講堂。

③ 会の構成員《いん》。

④ 第一印象。

⑤ 船の航路。

⑥ 興味をもつ。

⑦ 犯人がつかまる。

⑧ インド象。

⑨ 店を★構える。

⑩ 復興を支《ささ》える。

⑪ 講演会《かい》。

2 ―の漢字の読みがなを書きましょう。（一つ3点）

①
喜げきを見る。
みんなが喜ぶ。

②
命を救う。
救急車が通る。

③
謝罪する。
罪をおかす。

④
組織的《てき》に動く。
布《ぬの》を織る。

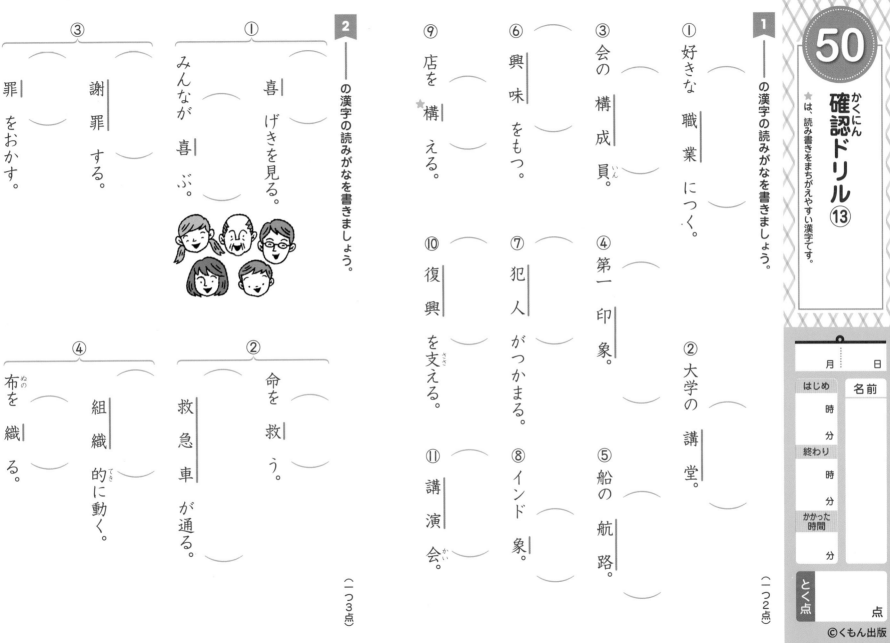

3 □に漢字を書きましょう。（一つ3点）

① 学校の□□《しょくいん》。

② 作家の□□《こうえん》を聞く。

③ 話の□□《こうそう》を練る。

④ 児童会の□□《そしき》。

⑤ 災害地《さいがいち》の□□《ふっこう》。

⑥ インド□《ぞう》に乗る。

⑦ □□□《きゅうきゅうしゃ》をよぶ。

⑧ フェリーの□□《こうろ》。

⑨ 手紙で□□《しゃざい》する。

⑩ □□《はんにん》を追う。

⑪ □□《いんしょう》深《ぶか》い出来事。

⑫ □□《きょうみ》が広がる。

4 ――のことばを漢字と送りがなで書きましょう。（一つ6点）

① 家を<u>かまえる</u>。

② 勝利を<u>よろこぶ</u>。

★③ 命を<u>すくう</u>。

51 4年生までのまちがえやすい漢字①

月　日

名前

はじめ　時　分

終わり　時　分

とく点　点

1 ――の漢字の読みがなを書きましょう。（一つ3点）

①五月の半ば。

②方言で話す。

③赤道に近い国。

④あざやかな色さい。

⑤顔面にボールが当たる。

⑥風上に向かって走る。

⑦町の魚《うお》市場。

⑧家の雨戸。

⑨ふたごの兄弟。

⑩親友と遊ぶ。

2 ――の漢字の読みがなを書きましょう。（一つ2点）

①
家族で旅行へ行く。
王様の家来。

②
遠い町まで行く。
楽しみな春の遠足。

③
作戦を練る。
サッカーの練習。

④
天気が悪い日。
悪人がつかまる。

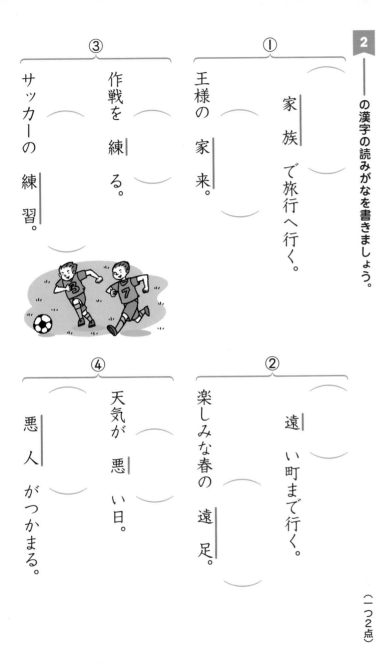

3 □に漢字を書きましょう。（一つ3点）

① メモに□《しる》す。

② □□《おうごん》の指輪。

③ □《ぶ》厚《あつ》い事典。

④ □□《きょうしつ》に入る。

⑤ 試合の□□《こうはん》。

⑥ 駅に□《つ》く。

⑦ ねらいを□《さだ》める。

⑧ □□《あいつ》ぐ問題。

⑨ □□《うんめい》を感じる。

⑩ 体の□□《ちょうし》。

4 □の読み方をする漢字を□に書きましょう。（一つ3点）

① チ
- 平らな土《と》□が広がる。
- 貯《ちょ》水《すい》□の水が減《へ》る。

② はや（い）
- 走るのが□い。
- 起きる時間が□い。

③ もの
- 好きな食《た》べ□。
- 人《にん》気《き》□になる。

④ シン
- 記念写《しゃ》□をとる。
- 王様と家《か》□。

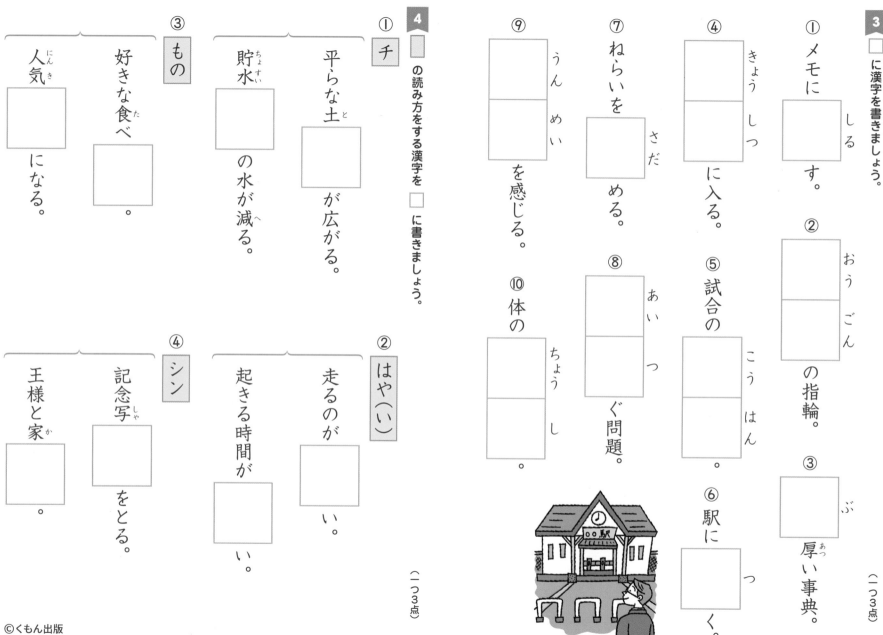

52 4年生までのまちがえやすい漢字②

月　日

名前

はじめ　時　分

終わり　時　分

とく点　点

1 ――の漢字の読みがなを書きましょう。（一つ3点）

① 来週の都合。

② 鉄板焼き。

③ 悲鳴が聞こえる。

④ 屋上に出る。

⑤ 辺が等しい。

⑥ 幸福な人生。

⑦ 原因《げんいん》の究明が急がれる。

⑧ 助言を聞く。

⑨ 新緑が美しい。

2 ――の漢字の読みがなを書きましょう。（一つ2点）

①
機械の仕組みを調べる。
家来が王様に仕える。

②
景気が落ちこむ。
段《だん》落ごとに音読する。

③
つり橋をわたる。
駅前の歩道橋。

④
勝負の結果。
足にきずを負う。

3 □に漢字を書きましょう。（一つ3点）

① □□《くうこう》行きのバス。

② □《さむ》い日が続く。

③ □□《りょかん》にとまる。

④ □□《ひっしゃ》の考え。

⑤ □□《ずひょう》での□□《はっぴょう》。

⑥ 音楽に□□《しゅうちゅう》する。

⑦ □□《へんじ》を書く。

⑧ □□《ちきゅう》一周。

⑨ □□《やね》の修理《しゅうり》。

4 □の読み方をする漢字を□に書きましょう。（一つ3点）

① はな(す)
- 電話で□す。
- 川に魚を□す。

② チョウ
- 原因《げんいん》を□査《さ》する。
- 日記《にっき》□に書き始める。

③ イ
- □師《し》になる。
- 保健《ほけん》□員《いん》の仕事。

④ トウ
- 日本列《れっ》□。
- 熱《ねっ》□を注ぐ。

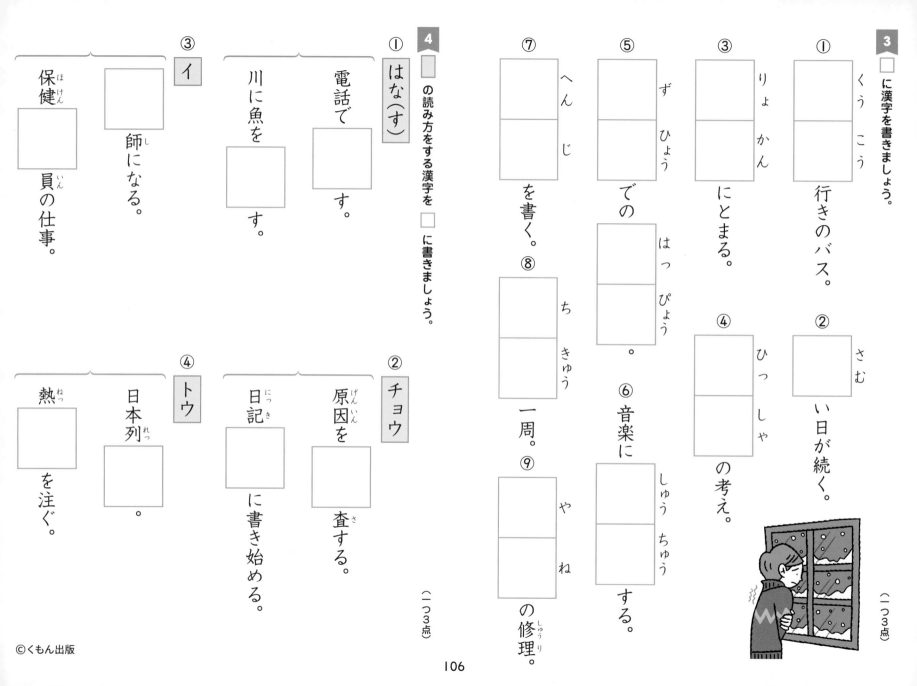

53 4年生までのまちがえやすい漢字③

月　日
名前
はじめ　時　分
終わり　時　分
とく点　点

1 ——の漢字の読みがなを書きましょう。（一つ3点）

① 器具を改良する。
② 野菜を食べる。
③ 英会話。
④ 産業の成長。
⑤ 挙手する。
⑥ 約束を守る。
⑦ 才覚のある人。
⑧ 山の風景。
⑨ 国民の祝日。
⑩ 折を見て話す。

2 ——の漢字の読みがなを書きましょう。（一つ2点）

①
照明をつける。
道を照らす。

②
関所を通る。
友人との関係。

③
最初のページ。
初めての経験《けいけん》。

④
伝記を読む。
雨が柱を伝う。

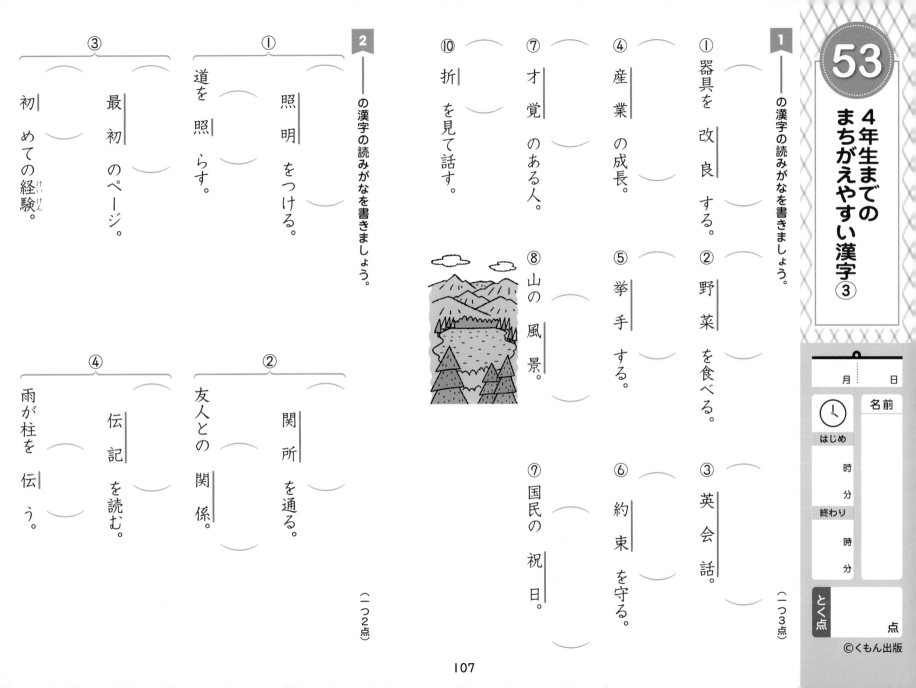

3 □に漢字を書きましょう。（一つ3点）

① お□《さつ》を数える。

② □□《ろうどう》時間。

③ 荷物を□《つ》む。

④ □□《しっぱい》を□□《はんせい》する。

⑤ クッキーを□《や》く。

⑥ 重さの□□《たんい》。

⑦ □□《ねんがん》がかなう。

⑧ □□《ねんまつ》の予定。

⑨ □□《えいよう》をとる。

4 □の読み方をする漢字を□に書きましょう。（一つ3点）

① ショウ
- 合《がっ》□コンクール。
- 文《ぶん》□を読む。

② ケン
- □康《こう》に気をつける。
- ビルを□設《せつ》する。

③ フ
- 駅の□近《きん》。
- 大阪《おおさか》□にある城。

④ レイ
- 部下に命《めい》□する。
- □ぞう庫《こ》を開ける。

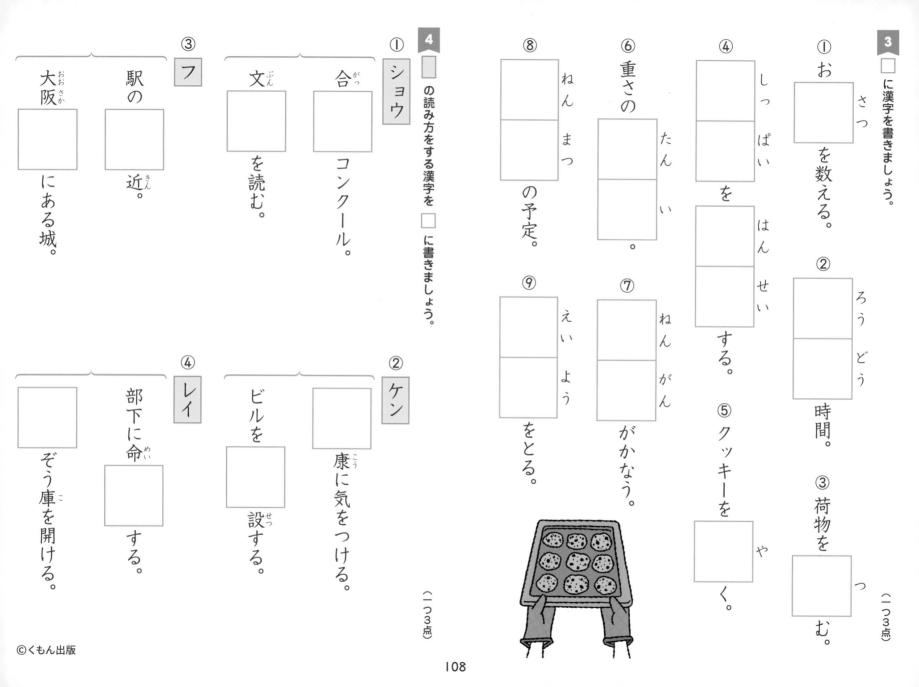

54 4年生までのまちがえやすい漢字④

月　日

名前

はじめ　時　分

終わり　時　分

とく点　点

1 ——の漢字の読みがなを書きましょう。（一つ3点）

① 便りがとどく。

② 熱帯雨林。

③ 人生の節目。

④ 関西方面に行く。

⑤ 社会の成り立ち。

⑥ 井戸の水。

⑦ 花の香り。

⑧ 病気が治る。

⑨ 不思議な話。

⑩ 干《ひ》潟が広がる。

2 ——の漢字の読みがなを書きましょう。（一つ2点）

①
- 建物の側面。
- 道の右側を歩く。

②
- 要点をまとめる。
- チームの要となる。

③
- 高校の入学試験。
- 初めて試みる。

④
- 犬を連れて歩く。
- 高い山が連なる。

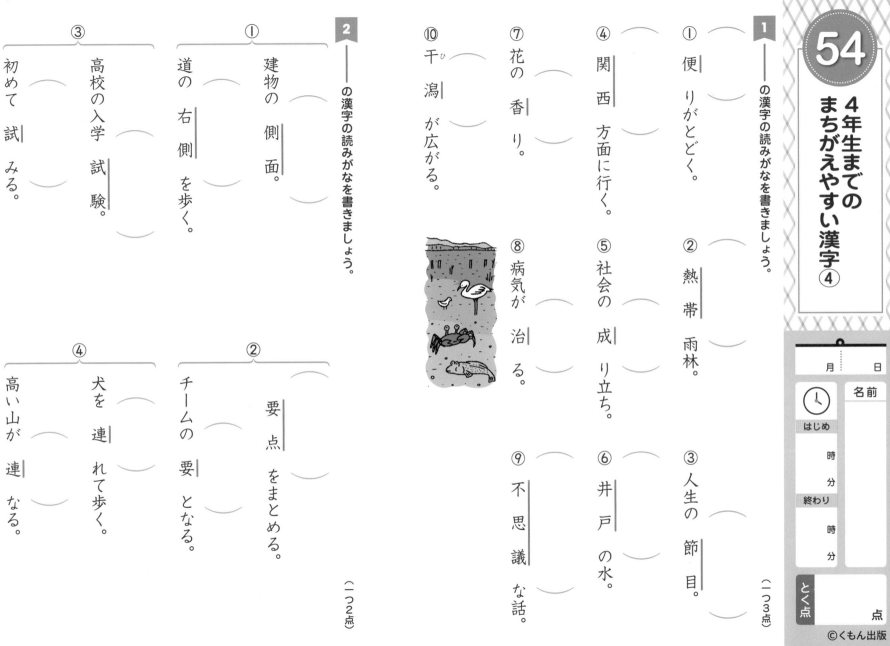

3 □に漢字を書きましょう。（一つ3点）

① □□《しゅざい》記者。

② 手の□□《かんかく》。

③ 教えを□《と》く。

④ □□《きたい》に応《こた》える。

⑤ 国語の□□《さんこう》書《しょ》を読む。

⑥ □《とも》に□《はたら》く。

⑦ □□《もくひょう》を立てる。

⑧ □□□《ぼうえんきょう》をのぞく。

⑨ □□《ゆびわ》をはめる。

4 □の読み方をする漢字を□に書きましょう。（一つ3点）

① グン

魚の大《たい》□。

神《か》奈《な》川《がわ》県《けん》三《み》浦《うら》□。

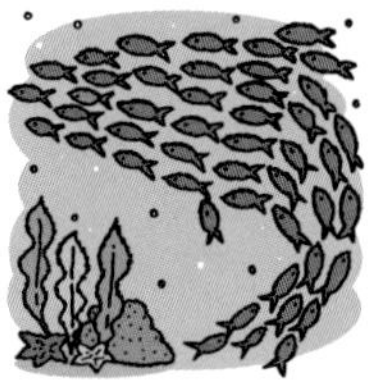

② テイ

海《かい》□の生き物。

□学年《がくねん》の教室。

③ カン

試験《しけん》□で実験する。

けい察《さつ》□の仕事。

④ キ

夏休みの□間《かん》が過《す》ぎる。

国《こっ》□があがる。

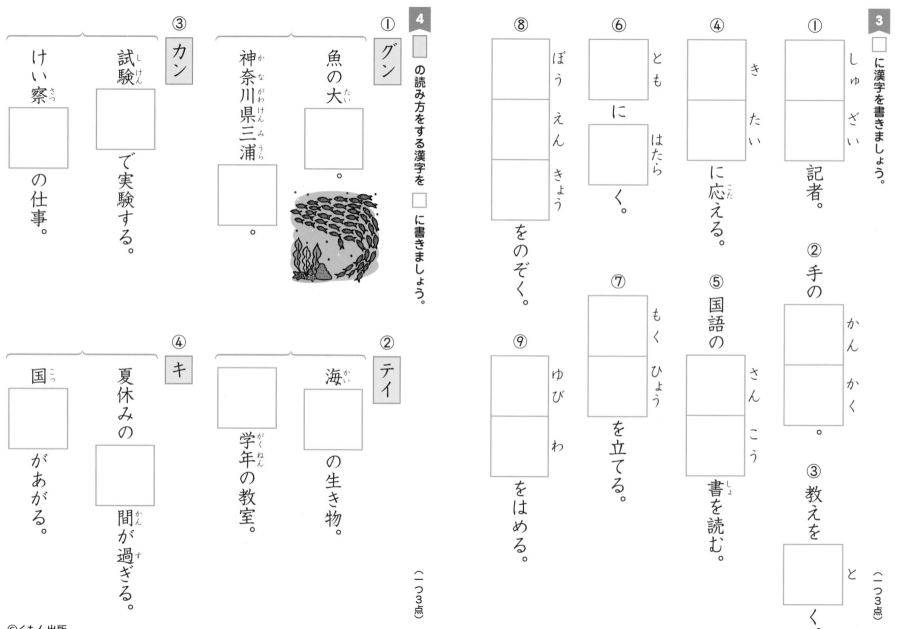

55 5年生のしんだんテスト①

★は、読み書きをまちがえやすい漢字です。

月　日

名前

はじめ　時　分

終わり　時　分

とく点　点

1 ―の漢字の読みがなを書きましょう。（一つ2点）

① ★勢いよく飛び出す。

② 永久歯《し》。

③ 新幹線。

④ 山菜を採る。

⑤ 年月を★経る。

⑥ 災害を防《ふせ》ぐ。

⑦ 心に留める。

⑧ 興味がある。

⑨ 情け深《ぶか》い人。

⑩ 紀行文を読む。

⑪ 利益を出す。

⑫ 正確な時間。

2 ―の漢字の読みがなを書きましょう。（一つ2点）

①
一面の★綿花の畑。
綿あめを食べる。

②
夢中で遊ぶ。
夢から覚める。

③
責任感《かん》が強い人。
仕事を任せる。

④
効果的《てき》な方法。
よく効く薬を飲む。

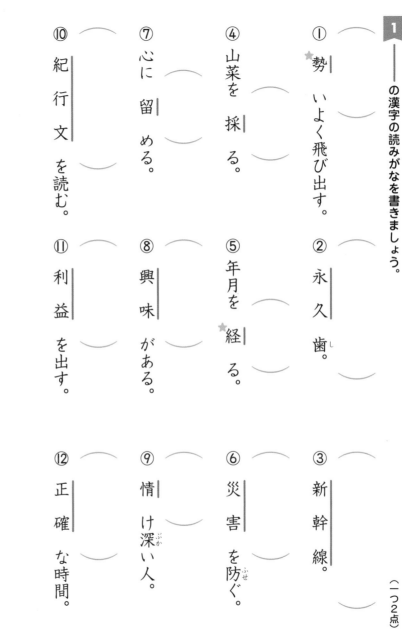

3 □に漢字を書きましょう。（一つ3点）

① □□□《ひじょうしき》な考え方。

② □□《ゆにゅう》した商品。

③ 道に□《まよ》う。

④ □□《へいきん》点《てん》を出す。

⑤ 正体を□《あらわ》す。

⑥ ★お金を□□《きふ》する。

⑦ 羊の群れを□《みちび》く。

⑧ 土を□《こ》やす。

⑨ □□《おうふく》の道のり。

⑩ □□《ぼうふう》雨《う》。

⑪ 山の上に城を□《きず》く。

⑫ 農業を□《いとな》む。

4 形に注意して、□に漢字を書きましょう。（一つ3点）

①
- 駅前に店を★□《かま》える。
- 小説家の□《こう》演《えん》を聞く。

②
- 鉄の□《こう》山《ざん》。
- □《どう》像《ぞう》を建てる。

③
- 期《き》□《げん》内《ない》に返す。
- 着《ちゃく》□《がん》点《てん》がよい。

④
- 原《げん》□《いん》と結果。
- □《だん》体《たい》で旅行をする。

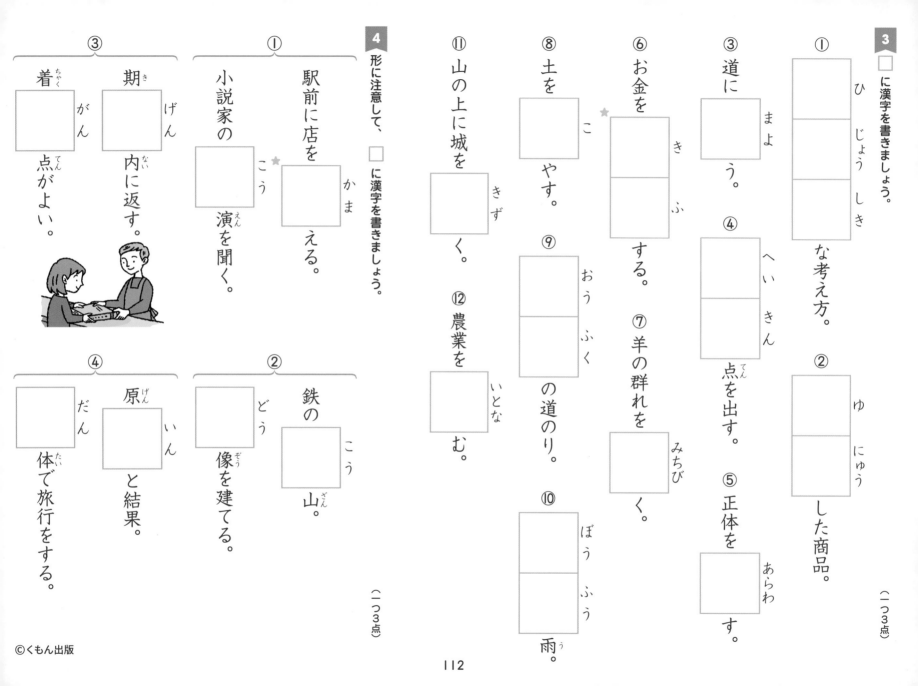

56 5年生のしんだんテスト②

★は、読み書きをまちがえやすい漢字です。

月　日

名前

はじめ　時　分

終わり　時　分

とく点　点

1 ——の漢字の読みがなを書きましょう。（一つ2点）

① 体重の増減。

② 食堂へ行く。

③ 判断する。

④ 本を貸す。

⑤ 運動部に所属する。

⑥ 汽車の燃料。

⑦ 険しい山道。

⑧ 目の検査。

⑨ 父の旧友。

⑩ 対★比して見る。

⑪ 空気中の酸素。

⑫ 工業技術。

2 ——の漢字の読みがなを書きましょう。（一つ2点）

①
許可を得《え》る。
通行を許される。

②
金額が大きい。
ねこの額ほどの土地。

③
農★耕民族。
畑を耕す。

④
理解を深める。
なぞを解き明《あ》かす。

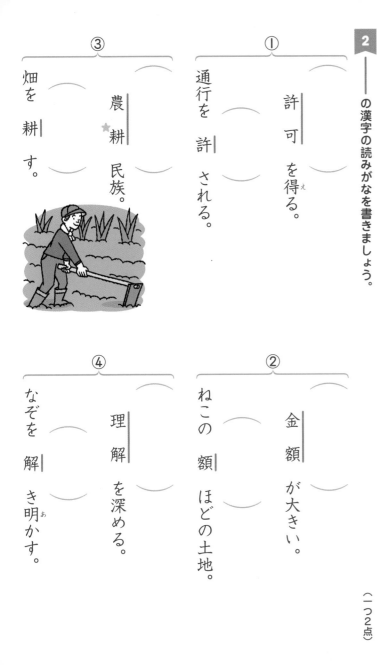

3 □に漢字を書きましょう。（一つ3点）

① よく□《に》た人。

② □□《ぼち》。

③ □□□《かのうせい》。

④ □□《よぶん》な紙を返す。

⑤ □□《せいけつ》なハンカチ。

⑥ 機械を□□《せいぞう》する。

⑦ □□《せいぎ》感《かん》が強い。

⑧ □□□《べんごし》。

⑨ 同じ□□□《けつえきがた》。

⑩ 司会を□《つと》める。

⑪ □《かり》の話。

⑫ 天気□□《よほう》。

4 形に注意して、□に漢字を書きましょう。（一つ3点）

①
委員会を組《そ》□《しき》する。
□《しょく》員室《いんしつ》で話す。

②
□《せい》限《げん》速度で走る。
週《しゅう》□《かん》誌《し》を読む。

③
□《あつ》力《りょく》がかかる。
過《か》去《こ》と現《げん》□《ざい》。

④
□《まず》しい生活を送る。
消《しょう》□《ひ》税《ぜい》が上がる。

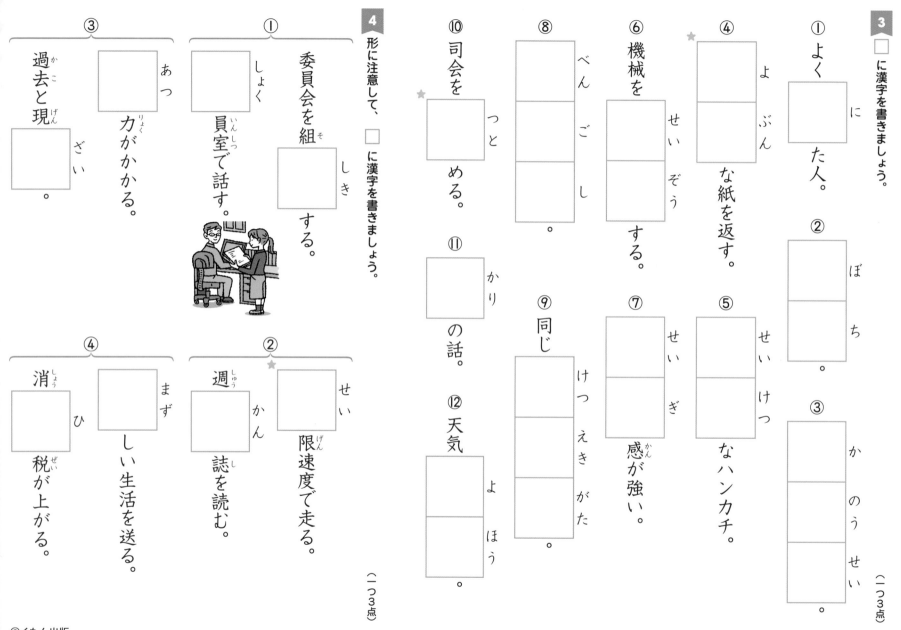

57 5年生のしんだんテスト③

★は、読み書きをまちがえやすい漢字です。

月　日

名前

はじめ　時　分

終わり　時　分

とく点　点

1 ――の漢字の読みがなを書きましょう。（一つ2点）

① 条件を付ける。

② ★武者ぶるい。

③ 桜の木。

④ 成績が上がる。

⑤ 再び会う。

⑥ ★快い風がふく。

⑦ 省略して話す。

⑧ 古い校舎。

⑨ 罪をおかす。

⑩ 定価で買う。

⑪ 新しい住★居。

⑫ 人と接する。

2 ――の漢字の読みがなを書きましょう。（一つ2点）

① 容★易に解決《かいけつ》する。
易しい文章。

② 効率的《てき》に作業する。
チームを率いるかんとく。

③ 先生が指示する。
行く手を指《さ》し示す。

④ 体力★測定をする。
ひもの長さを測る。

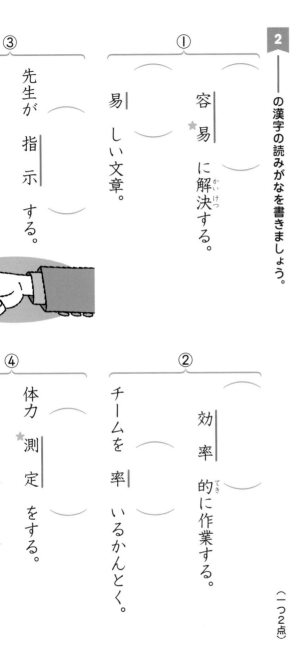

3 □に漢字を書きましょう。（一つ3点）

① □□《おうよう》問題。

② 旅行の□□《にってい》。

③ きず口を□□《しょうどく》する。

④ 強い□□《いし》をもつ。★

⑤ □□《きそく》にしたがう。

⑥ □□《ほうさく》を願う。

⑦ 川遊びを□《きん》じる。

⑧ □□《しょうたい》席《せき》。

⑨ □《あつ》い辞書。

⑩ テントを□《は》る。

⑪ □□《さんせい》の意見。

⑫ □《ぬの》きれ。

4 形に注意して、□に漢字を書きましょう。（一つ3点）

①
交通事《じ》□《こ》を防《ふせ》ぐ。
□《せい》治《じ》家《か》の演説《えんぜつ》を聞く。

②
天下を□《とう》一《いつ》する。
全員の得点《とくてん》を□《そう》合《ごう》する。

③
□《てき》度《ど》に雨がふる。
車が通《とお》り□《す》ぎる。

④
金《きん》□《がく》が大きい。
外国の□《りょう》土《ど》。

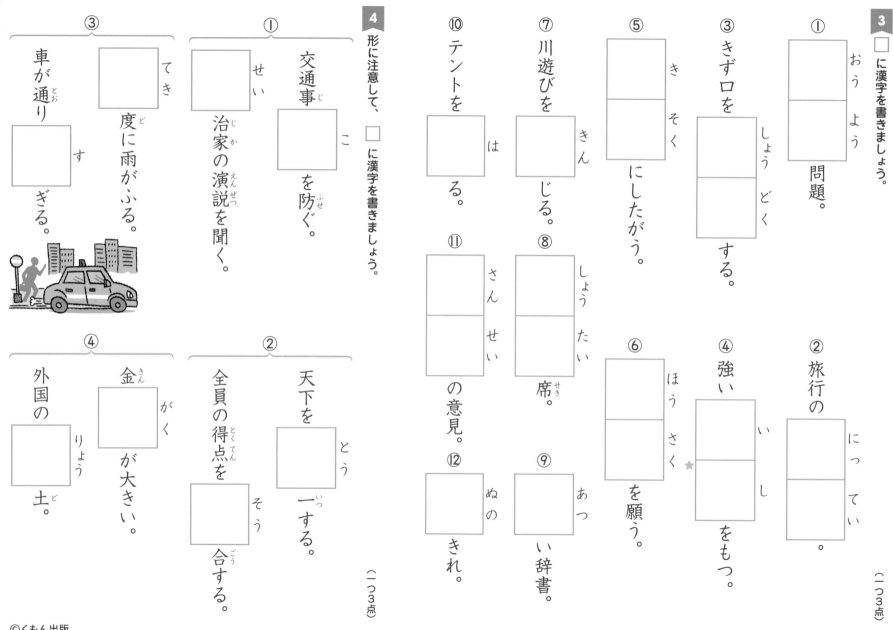

58 5年生のしんだんテスト④

★は、読み書きをまちがえやすい漢字です。

月　日

名前

はじめ　時　分

終わり　時　分

とく点　点

1 ―の漢字の読みがなを書きましょう。（一つ2点）

① 実態を調べる。

② ★妻子を養う。

③ 印象がよい。

④ 約束を破る。

⑤ 複雑な問題。

⑥ 小麦粉。

⑦ 模《も》型を作る。

⑧ ★雑木林に入る。

⑨ 情報を得る。

⑩ 新聞の広告。

⑪ アルプス山脈。

2 ―の漢字の読みがなを書きましょう。（一つ2点）

①
喜げきを見て笑う。
合格《ごうかく》を喜ぶ。

②
池の周囲を測《はか》る。
答えを丸で囲む。

③
独立して生活する。
独り言《ごと》を言う。

④
機械を修理する。
学問を修める。

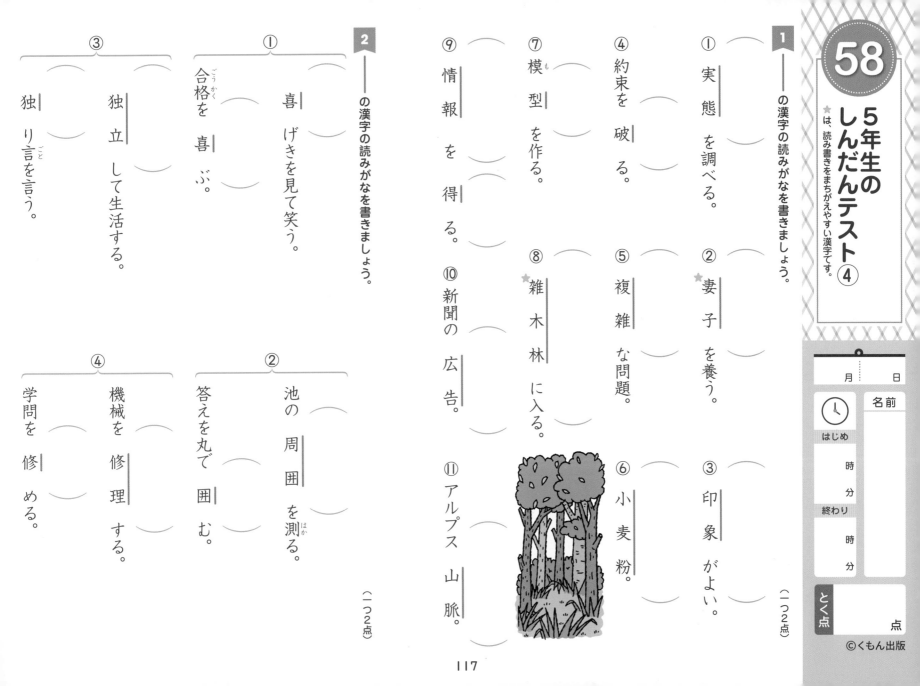

3 □に漢字を書きましょう。（一つ3点）

① □□《れきし》上《じょう》の人物。

② □□《いし》が命を□《すく》う。

③ □□《ひんしつ》を□□《ほしょう》する。

④ 会場を□《もう》ける。

⑤ □□《しゅっぱん》社《しゃ》で働く。

⑥ 学校に行く□□《じゅんび》をする。

⑦ □□□《こうくうき》。

⑧ 人通りが□《た》えない。

⑨ マラソン大会で□□《にゅうしょう》する。

⑩ □□《こんざつ》した車内。

4 形に注意して、□に漢字を書きましょう。（一つ3点）

①
人工□《えい》星《せい》の打ち上げ。
手《しゅ》□《じゅつ》が成功する。

②
競《きょう》□《ぎ》に出場する。
木の□《えだ》と葉。

③
□《じゅ》業《ぎょう》に出席する。
宿題を□《てい》出《しゅつ》する。

④
道に□《まよ》う。
自分の意見を□《の》べる。

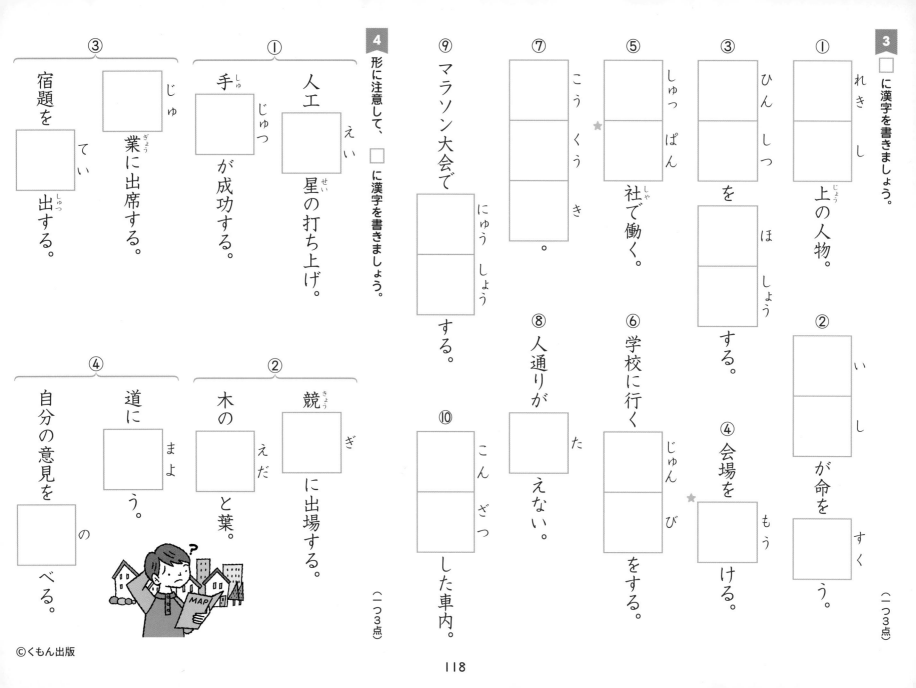

答え

- （ ）は、別の答えです。
- 〈 〉は、まだ学習していない漢字です。
- 漢字表のページの1～5（1～6）は、答えを省略しています。
- 5年生までに習わない漢字や読み方は、答えとしてあつかっていません。

1 永・久・句・弁・告 3・4ページ

6 ①もんく ②べん〈ご〉 ③えいえん ④ひさ ⑤べんとう ⑥ごく ⑦すえなが ⑧えいきゅう ⑨こうこく ⑩なが

7 ①弁〈護〉 ②文句 ③永い ④永い ⑤弁当 ⑥告げる ⑦語句 ⑧永遠 ⑨久しく ⑩永久

ポイント

7 ④「永いねむりにつく。」とは、「死ぬ」という意味です。「長い」と書かないように注意しましょう。

2 条・件・許・可・能 5・6ページ

6 ①ようけん ②かのう ③じょうやく ④じょうけん・ゆる ⑤のうりょく ⑥きょか ⑦じけん ⑧かけつ ⑨さいのう ⑩ゆる

7 ①才能 ②許される ③可決 ④条件・許す ⑤可能 ⑥許可 ⑦条約 ⑧事件 ⑨能力 ⑩用件

3 仏・任・仮・似・個 7・8ページ

6 ①かせつ ②にがおえ ③〈せき〉にん・にん〈む〉 ④こじん ⑤かり ⑥まか ⑦こ ⑧ほとけさま ⑨に ⑩ぶつ〈ぞう〉

7 ①任せる ②個人 ③仮 ④仏〈像〉 ⑤似 ⑥個 ⑦〈責〉任・任〈務〉 ⑧仮説 ⑨似顔絵 ⑩仏様

4 確認《かくにん》ドリル① 9・10ページ

1 ①えいえん ②かけつ ③べんとう ④じょうけん ⑤ごく ⑥のうりょく ⑦にがおえ ⑧こじん ⑨ようけん ⑩こうこく

2 ①｛ぶつ／ほとけさま ②｛にん／まか ③｛きょか／ゆる ④｛かせつ／かり

3 ①個 ②条約 ③弁 ④任 ⑤可能 ⑥永久 ⑦広告 ⑧事件 ⑨許可 ⑩似

4 ①許す ②任せる ③久しい ④永い

5 再・序・武・士・厚 11・12ページ

6 ①ふたた ②むしゃ ③へいし ④さいかい ⑤あつ ⑥じゅんじょ ⑦べん〈ご〉し ⑧あつ ⑨ぶし ⑩さらいしゅう

7 ①順序 ②兵士 ③武士 ④厚い ⑤再会 ⑥弁〈護〉士 ⑦武者 ⑧再び ⑨再来週 ⑩厚い

6 歴・史・規・則・検・査 13・14ページ

7 ①にほんし ②はんそく ③じょうぎ ④てんけん ⑤ちょうさ ⑥きそく ⑦れきし ⑧けんさ ⑨けん〈とう〉 ⑩れきだい

8 ①反則 ②点検 ③史 ④歴代 ⑤検査 ⑥歴史 ⑦調査 ⑧定規 ⑨規則 ⑩検〈討〉

7 移・格・桜・応・志 15・16ページ

6 ①こころざし ②おうよう ③さくら ④〈せい〉かく ⑤いどう ⑥いし ⑦たいかく ⑧うつ ⑨こた ⑩こころざ

7 ①体格 ②移動 ③志 ④応える ⑤移す ⑥桜 ⑦〈性〉格 ⑧意志 ⑨応用 ⑩志す

8 確認《かくにん》ドリル② 17・18ページ

1 ①さくら ②むしゃ ③へいし ④はんそく ⑤てんけん ⑥あつ ⑦れきし ⑧たいかく ⑨じょうぎ ⑩じょぶん

2 ① おうよう こた ② いどう うつ ③ いし こころざし ④ さいかい さらいしゅう

3 ①規則 ②桜 ③武士 ④順序 ⑤検査 ⑥応用 ⑦志望 ⑧格 ⑨日本史

4 ①移す ②志す ③再び ④厚い ⑤応える

9 因・団・囲・故・政・張 19・20ページ

7 ①しゅうい ②かこ ③げんいん ④しゅうだん ⑤はいいん ⑥じこ ⑦だんたい ⑧しゅちょう ⑨せいふ ⑩は

8 ①原因 ②張 ③団体 ④周囲 ⑤政治 ⑥事故 ⑦主張 ⑧囲む ⑨集団 ⑩故〈郷〉

10 独・判・断・評・価 21・22ページ

6 ①こばん ②ことわ ③ひと ④ひょうか ⑤かかく ⑥どくりつ ⑦ゆだん ⑧ひょうばん ⑨ていか ⑩はんだん

7 ①油断 ②定価 ③評価 ④断る ⑤独立 ⑥価格 ⑦小判 ⑧判断 ⑨独り ⑩評判

11 刊・制・圧・在・型 23・24ページ

6 ①おおがた ②せいふく ③あつりょく ④ちょうかん ⑤せい〈げん〉 ⑥すいあつ ⑦しゅうかん ⑧あ ⑨けい ⑩〈げん〉ざい

7 ①在 ②圧力 ③大型 ④朝刊 ⑤制〈限〉 ⑥週刊 ⑦水圧 ⑧型 ⑨〈現〉在 ⑩制服

12 確認《かくにん》ドリル③ 25・26ページ

1 ①ひょうか ②しゅうい ③はんだん ④ちょうかん ⑤しゅうだん ⑥せいふ ⑦げんいん ⑧ひと ⑨せいふく ⑩こ

2 ① おおがた けい ② ゆだん ことわ ③ あ ざい ④ しゅちょう は

3 ①大型 ②敗因 ③事故 ④評判 ⑤制 ⑥週刊 ⑦政治 ⑧水圧 ⑨張 ⑩団体 ⑪価格 ⑫在

4 ①断る ②囲む

13 述・逆・迷・過・適 27・28ページ

6 ①さか ②まよ ③じゅつご ④ぎゃくてん ⑤てきど ⑥さか ⑦の ⑧かこ ⑨す ⑩〈かい〉てき

7 ①逆転 ②適度 ③過ぎる ④迷う ⑤述べる ⑥逆らう ⑦過去 ⑧述語 ⑨〈快〉適 ⑩逆

14 招・採・授・接・提・損 29・30ページ

7 ①しょうたい ②きょうじゅ・じゅぎょう ③ていしゅつ ④ていあん ⑤ちょくせつ ⑥まね ⑦そんがい ⑧さいしゅう ⑨せっ ⑩と

8 ①損害 ②採 ③提出 ④接 ⑤招く ⑥提案 ⑦招待 ⑧直接 ⑨教授・授業 ⑩採集

15 往・復・性・質・現 31・32ページ

6 ①しつもん ②あらわ ③せいしつ ④ふくしゅう ⑤おうふく ⑥おうろ ⑦あらわ ⑧せい ⑨ひんしつ ⑩ひょうげん

7 ①現す ②往復 ③品質 ④性質 ⑤往路 ⑥性 ⑦現れる ⑧質問 ⑨表現 ⑩復習

16 確認《かくにん》ドリル④ 33・34ページ

1 ①かいふく ②せっ ③じゅぎょう ④しつもん ⑤ていあん ⑥おうろ ⑦と ⑧まよ ⑨そんがい ⑩せい

2 ①じゅつご／の ②ぎゃくてん／さか ③かこ／す ④ひょうげん／あらわ

3 ①往復 ②授業 ③提出 ④損害 ⑤招待 ⑥採集 ⑦性質 ⑧迷 ⑨適度 ⑩直接 ⑪述語 ⑫現代

4 ①招く ②現す ③過ぎる ④逆らう

ポイント

3 ①「往復《おうふく》」の「往」は「前に進む」、「復」は「もとにもどる」意味で、反対（対《つい》）の意味の漢字が組み合わさった熟語《じゅくご》です。

4 ④「逆《さか》らう」は、送りがなをまちがえやすいので、正しい送りがなを覚えましょう。

17 粉・容・寄・飼・豊 35・36ページ

6 ①ないよう ②かふん ③ゆた ④しいく ⑤きふ ⑥ようき ⑦か ⑧ほうさく ⑨よ ⑩こなぐすり

7 ①豊作 ②寄 ③豊か ④飼 ⑤小麦粉 ⑥寄付 ⑦内容 ⑧花粉 ⑨飼育 ⑩粉薬

18 経・営・貿・易・版 37・38ページ

6 ①こうえき ②へ ③ぼうえき ④けいえい ⑤やさ ⑥しゅっぱん ⑦はんが ⑧けいけん ⑨いとな ⑩ようい

7 ①営む ②出版 ③容易 ④版画 ⑤経 ⑥易しい ⑦貿易 ⑧経営 ⑨交易 ⑩経験

19 支・枝・技・限・眼 39・40ページ

6 ①えだ ②きょうぎ ③ぎ〈じゅつ〉 ④きげん ⑤がんか ⑥えだ ⑦しじ ⑧ちゃくがんてん ⑨かぎ ⑩ささ

7 ①支持 ②眼科 ③期限 ④着眼点 ⑤枝 ⑥限る ⑦競技 ⑧技〈術〉 ⑨支える ⑩枝

20 確認《かくにん》ドリル⑤ 41・42ページ

1 ①けいけん ②ぼうえき ③えだ ④きげん ⑤ようき ⑥はんが ⑦しじ ⑧けいえい ⑨ぎ ⑩ちゃくがんてん

2 ①きふ／よ ②ようい／やさ ③しいく／か ④かふん／こなゆき

3 ①小麦粉 ②競技 ③交易 ④寄 ⑤眼科 ⑥出版 ⑦経営 ⑧内容 ⑨枝 ⑩経

4 ①限る ②営む ③支える ④豊か

ポイント

2 ②「容易《ようい》」は「かん単に」という意味です。「容易にできる。」「容易に作れる。」などの使い方を覚えましょう。

3 ⑥「出版《しゅっぱん》」の「版」の「片」の字形をまちがえやすいので、正しい筆順で字形を覚えるようにしましょう。

21 税・程・示・祖・禁 43・44ページ

6 ①そぼ ②きん ③しじ ④にってい ⑤そせん ⑥ぜいきん ⑦しょう〈ひ〉ぜい ⑧きんし ⑨ていど ⑩しめ

7 ①示す ②祖先 ③禁止 ④税金 ⑤日程 ⑥消〈費〉税 ⑦禁 ⑧程度 ⑨祖母 ⑩指示

22 保・証・増・減・益 45・46ページ

6 ①ふ ②ほしょう ③ぞうげん ④りえき ⑤たも ⑥ぞうか ⑦へ ⑧しょうめい ⑨ま ⑩ほけん

7 ①増 ②減 ③増加 ④保健 ⑤証明 ⑥増える ⑦増減 ⑧保証 ⑨利益 ⑩保つ

23 河・液・混・測・演・潔 47・48ページ

7 ①せいけつ ②けっぱく ③ま ④かわ ⑤こ ⑥けつえき・はか ⑦かこう ⑧こん〈ざつ〉 ⑨しゅつえん ⑩かんそく

8 ①河口 ②出演 ③血液・測る ④清潔 ⑤混ぜる ⑥潔白 ⑦混〈雑〉 ⑧観測 ⑨混 ⑩河

24 確認《かくにん》ドリル⑥ 49・50ページ

1 ①かんそく ②しょうめい ③にってい ④しゅつえん ⑤けつえき ⑥しじ ⑦きんし ⑧りえき ⑨しょう〈ひ〉ぜい ⑩けっぱく

2 ①{ぞうげん／へ} ②{ぞうか／ま} ③{かこう／かわ} ④{こん／こ}

3 ①保証 ②出演 ③程度 ④利益 ⑤禁 ⑥液体 ⑦河口 ⑧祖母 ⑨清潔 ⑩税金

4 ①測る ②保つ ③減らす ④混ぜる ⑤増える ⑥示す

ポイント

1 ①「規則《きそく》」の「則」や「側面《そくめん》」の「側」も、「ソク」という読み方です。「測」の「則」が「ソク」という音を表しています
⑩「潔白《けっぱく》」の「潔」は「ケッ」という読み方になるので注意しましょう。

25 肥・幹・防・険・際 51・52ページ

6 ①みき ②こ ③ふせ ④こくさいか ⑤〈き〉けん ⑥ひりょう・こえ ⑦けわ ⑧しんかんせん ⑨ぼう〈さい〉 ⑩じっさい

7 ①肥える ②新幹線 ③険しい ④防〈災〉 ⑤実際 ⑥幹 ⑦国際 ⑧肥料・肥 ⑨防ぐ ⑩〈危〉険

26 紀・比・率・確・財 53・54ページ

6 ①きこうぶん ②たし ③せいかく ④たいひ ⑤ざいさん ⑥せいき ⑦かくりつ ⑧くら ⑨ひき ⑩ぶんかざい

7 ①確率 ②比べる ③文化財 ④世紀 ⑤確かめる ⑥率いる ⑦正確 ⑧紀行文 ⑨財産 ⑩対比

ポイント

6 ⑤・⑩「財」は、「ザイ」という読み方です。漢字一字の「才」は、「サイ」という読み方なので、まちがえないように注意しましょう。

7 ②「比《くら》べる」、⑤「確《たし》かめる」、⑥「率《ひき》いる」は、送りがなをまちがえやすいので注意しましょう。

27 責・貧・貸・資・費・賛 55・56ページ

7 ①びん ②し〈げん〉 ③ひよう ④せきにん ⑤か ⑥まず ⑦さんせい ⑧せ ⑨か ⑩しょうひしゃ

8 ①消費者 ②賛成 ③貧 ④費用 ⑤貸 ⑥貧しい ⑦責める ⑧貸 ⑨資〈源〉 ⑩責任

ポイント

8 ⑥「貧《まず》しい」や「久《ひさ》しい」などのように、「しい」がつく言葉は、「○○しい」と送りがなをつけます。

28 確認《かくにん》ドリル⑦ 57・58ページ

1 ①ひりょう ②さんせい ③せきにん ④ひよう ⑤じっさい ⑥ぼう ⑦し ⑧せいき ⑨か ⑩ざいさん

2 ①{せいかく / たし} ②{しんかんせん / みき} ③{びん / まず} ④{ひき / かくりつ}

3 ①国際 ②世紀 ③賛成 ④肥 ⑤険 ⑥文化財 ⑦資 ⑧消費 ⑨対比 ⑩貸

4 ①険しい ②防ぐ ③責める ④比べる ⑤肥える ⑥確かめる

ポイント

3 ⑧「費」の「弗」の形に注意して書きましょう。
⑩「貸」と「貨」は字形が似《に》ていてまちがえやすい漢字です。使い方のちがいを覚えましょう。
「貸」…本を貸《か》す・貸《か》し借《か》り
「貨」…貨物《かもつ》・金貨《きんか》・百貨店《ひゃっかてん》

29 複・雑・製・造・精 59・60ページ

6 ①せいひん ②ふくざつ ③つく ④せいぞう ⑤ふくしゃ ⑥せい ⑦ぞうきばやし ⑧もくぞう ⑨ふくすう ⑩せいしん

7 ①精神 ②複数 ③木造 ④複雑 ⑤製造 ⑥精 ⑦雑木林 ⑧複写 ⑨製品 ⑩造る

30 状・態・非・常・識 61・62ページ

6 ①ちしき ②ひ ③じったい ④つね ⑤じょうたい ⑥じょうしき ⑦ひれい ⑧たいど ⑨ひじょう ⑩れいじょう

7 ①非礼 ②常 ③常識 ④態度 ⑤状態 ⑥非 ⑦実態 ⑧知識 ⑨礼状 ⑩非常

31 絶・統・総・綿・編・績 63・64ページ

7 ①めんか ②あ ③た ④でんとう ⑤せいせき ⑥へんしゅう ⑦とういつ ⑧ぜったい ⑨そうごう ⑩わた

8 ①編集 ②総合 ③統一 ④綿花 ⑤絶対 ⑥伝統 ⑦成績 ⑧綿 ⑨絶える ⑩編

32 確認《かくにん》ドリル⑧ 65・66ページ

1 ①せいぞう ②じょうしき ③せいせき ④れいじょう ⑤たいど ⑥とういつ ⑦そうごう ⑧ふくしゃ ⑨せいしん ⑩ひれい

2 ①{つね / ひじょう} ②{た / ぜったい} ③{こんざつ / ぞう} ④{わた / めんか}

3 ①複数 ②成績 ③知識 ④総合 ⑤状態 ⑥実態 ⑦製品 ⑧製造 ⑨編集 ⑩伝統 ⑪絶 ⑫編

4 ①造る ②絶える

ポイント

2 ③「雑」の読み方はまちがえやすいので、使い方をしっかり覚えましょう。
「ザツ」…雑音《おん》・混《こん》雑
「ゾウ」…雑きん・雑木林《きばやし》

33 余・舎・修・停・像 67・68ページ

6 ①しゅくしゃ ②〈どう〉ぞう ③おさ ④ていし ⑤あま ⑥そうぞう ⑦こうしゃ ⑧てい〈りゅう〉じょ ⑨しゅう〈しょく〉 ⑩よぶん

7 ①余分 ②修〈飾〉 ③停〈留〉所 ④校舎 ⑤想像 ⑥修める ⑦〈銅〉像 ⑧宿舎 ⑨余る ⑩停止

34 得・酸・素・準・備　69・70ページ

6
①そざい　②とくい　③じゅんび　④そな　⑤さんそ　⑥そしつ　⑦〈き〉じゅん　⑧え　⑨よび　⑩さんせいう

7
①酸素　②備える　③準備　④素材　⑤得意　⑥酸性雨　⑦〈基〉準　⑧得　⑨素質　⑩予備

35 破・旧・暴・妻・婦　71・72ページ

6
①ぼうふう　②さいし　③ふっきゅう　④ふじん　⑤は　⑥あば　⑦ろうふじん　⑧きゅうゆう　⑨つま　⑩やぶ

7
①妻　②暴れる　③破れる　④破　⑤旧友　⑥老婦人　⑦妻子　⑧暴風　⑨婦人　⑩復旧

36 確認《かくにん》ドリル⑨　73・74ページ

1
①よぶん　②ふじん　③じゅん　④さんそ　⑤きゅうゆう　⑥ぞう　⑦てい　⑧こうしゃ　⑨そしつ　⑩は

2
①{とくい／え}　②{つま／さいし}　③{おさ／しゅう}　④{そな／よび}

3
①宿舎　②想像　③婦人　④酸性雨　⑤準備　⑥暴風　⑦素材　⑧得　⑨復旧　⑩破

4
①備わる　②余る　③修める　④破れる

ポイント

3 ②「像」の「豕」の画の向きや画数に注意して、正しい字形を覚えましょう。

4 ①「備わる」、④「破れる」は、送りがなをまちがえやすいので、正しい送りがなを覚えましょう。

37 均・基・報・墓・境　75・76ページ

6
①〈じょう〉ほう　②きほん　③ぼち　④さかい　⑤はか　⑥きょうかい　⑦きんとう　⑧きじゅん　⑨よほう　⑩へいきん

7
①予報　②〈情〉報　③墓地　④境界　⑤境　⑥均等　⑦基本　⑧墓　⑨平均　⑩基準

ポイント

7 ①・②「報」の「𠬝」は、「服」のつくりの部分と同じ形です。すでに習っている漢字の部分と分かると、字形も覚えやすくなります。

38 留・略・鉱・銅・脈　77・78ページ

6
①どうぞう　②さんみゃく　③しょうりゃく　④りゅうがく　⑤と　⑥こうざん　⑦るす　⑧どうみゃく　⑨てっこうせき　⑩りゃくず

7
①省略　②留める　③鉱山　④山脈　⑤銅像　⑥留学　⑦動脈　⑧鉄鉱石　⑨略図　⑩留守

39 快・情・慣・堂・賞　79・80ページ

6
①しょくどう　②にゅうしょう　③どうどう　④しゅうかん　⑤じょうほう　⑥こころよ　⑦な　⑧かいせい　⑨しょう　⑩なさ

7
①習慣　②入賞　③情け　④食堂　⑤慣れる　⑥賞品　⑦快い　⑧情報　⑨快晴　⑩堂々

ポイント

7 ⑦「快《こころよ》い」の送りがなは「い」だけです。「快かった」、「快くなる」、「快ければ」のように、送りがなが変わるところからつけます。

40 確認《かくにん》ドリル⑩　81・82ページ

1 ①にゅうしょう　②きんとう　③かいせい　④どうぞう　⑤こうざん　⑥どうどう　⑦じょうほう　⑧しょうりゃく　⑨きじゅん　⑩さんみゃく

2 ①{な／しゅうかん}　②{るす／りゅうがく}　③{ぼち／はか}　④{さかい／きょうかい}

3 ①平均　②山脈　③快晴　④略図　⑤基本　⑥賞品　⑦銅像　⑧鉄鉱石　⑨予報　⑩食堂

4 ①情け　②慣れる　③留まる　④快い

41 布・師・居・属・耕　83・84ページ

6 ①たがや　②いし　③しょぞく　④じゅうきょ　⑤もうふ　⑥きんぞく　⑦きょうし　⑧のうこう　⑨いま　⑩ぬの

7 ①所属　②住居　③医師　④耕す　⑤居間　⑥布　⑦農耕　⑧金属　⑨教師　⑩毛布

42 毒・殺・夢・解・導　85・86ページ

6 ①みちび　②ゆめ　③ころ　④と　⑤しょうどく　⑥しどう　⑦むちゅう　⑧どく　⑨りかい　⑩さっちゅう

7 ①夢　②理解　③夢中　④解決　⑤導く　⑥消毒　⑦解　⑧殺虫　⑨指導　⑩殺す

43 術・衛・効・務・勢・義　87・88ページ

7 ①ぎむ　②えいせい　③せいりょく　④こうか　⑤えいせい　⑥ぎじゅつ　⑦いきお　⑧つと　⑨びじゅつ　⑩き

8 ①効　②衛生　③務める　④美術　⑤勢力　⑥技術　⑦効果　⑧衛星　⑨義務　⑩勢い

44 確認《かくにん》ドリル⑪　89・90ページ

1 ①きょうし　②びじゅつ　③えいせい　④きんぞく　⑤いま　⑥のうこう　⑦せいぎ　⑧じゅうきょ　⑨しどう　⑩しょうどく

2 ①{いきお／せいりょく}　②{さっちゅう／ころ}　③{ぬの／もうふ}　④{ゆめ／むちゅう}

3 ①効　②理解　③義務　④医師　⑤効果　⑥衛星　⑦技術　⑧所属　⑨事務　⑩住居

4 ①導く　②解ける　③務める　④殺す　⑤勢い　⑥耕す

ポイント

2 ②「殺虫ざい。」の「殺」は、「サッ」という読み方になるので注意しましょう。

4 ①「導く」、⑤「勢い」、⑥「耕す」は、送りがなをまちがえやすいので、正しい送りがなを覚えましょう。

45 災・燃・設・謝・護　91・92ページ

6 ①かんしゃ　②も　③ほご　④かさい　⑤けんせつ　⑥さいがい　⑦べんごし　⑧しゃれい　⑨ねんりょう　⑩もう

7 ①災害　②謝礼　③燃料　④設ける　⑤火災　⑥弁護士　⑦燃える　⑧感謝　⑨建設　⑩保護

46 貯・領・額・築・輸　93・94ページ

6 ①けんちく　②りょうど　③ゆにゅう　④ちょきん・きんがく　⑤しんちく　⑥きず　⑦ちょすいち　⑧ゆそう　⑨ようりょう　⑩ひたい

7 ①要領　②新築　③貯水池　④額　⑤建築　⑥貯金・金額　⑦輸送　⑧領土　⑨築く　⑩輸入

47 確認《かくにん》ドリル⑫ 95・96ページ

1 ①も ②ようりょう ③ちょきん ④べんご ⑤しゃれい ⑥ほご ⑦ゆそう ⑧さいがい ⑨かさい ⑩かんしゃ ⑪りょうど

2 ①｛も／ねんりょう｝ ②｛けんせつ／もう｝ ③｛けんちく／きず｝ ④｛きんがく／ひたい｝

3 ①保護 ②建設 ③感謝 ④輸入 ⑤新築 ⑥領土 ⑦火災 ⑧貯金 ⑨額 ⑩燃料 ⑪弁護士 ⑫金額

4 ①設ける ②燃える ③築く

ポイント

2 ①「燃料」の「燃」を、「ぜん」と読みまちがわないように注意しましょう。

3 ④「輸」を「輪」と書きまちがわないように注意しましょう。
⑦「災」の「巛」の形をしっかり覚えましょう。

48 航・救・象・喜・犯・罪 97・98ページ

7 ①ぞう ②はんざい ③すく ④こうくうき ⑤いんしょう ⑥つみ ⑦よろこ ⑧こうろ ⑨き ⑩きゅうきゅうしゃ

8 ①犯人 ②象 ③救急車 ④航路 ⑤喜 ⑥航空機 ⑦印象 ⑧喜ぶ ⑨救う ⑩謝罪

49 構・講・織・職・興 99・100ページ

6 ①お ②きょうみ ③こうどう ④しょくいん ⑤かま ⑥そしき ⑦ふっこう ⑧こうえん ⑨しょくぎょう ⑩こうせい

7 ①職員 ②織 ③構成 ④講演 ⑤復興 ⑥組織 ⑦講堂 ⑧職業 ⑨構える ⑩興味

50 確認《かくにん》ドリル⑬ 101・102ページ

1 ①しょくぎょう ②こうどう ③こうせい ④いんしょう ⑤こうろ ⑥きょうみ ⑦はんにん ⑧ぞう ⑨かま ⑩ふっこう ⑪こうえん

2 ①｛き／よろこ｝ ②｛すく／きゅうきゅうしゃ｝ ③｛しゃざい／つみ｝ ④｛そしき／お｝

3 ①職員 ②講演 ③構想 ④組織 ⑤復興 ⑥象 ⑦救急車 ⑧航路 ⑨謝罪 ⑩犯人 ⑪印象 ⑫興味

4 ①構える ②喜ぶ ③救う

ポイント

1 「象」の読み方は、④では「ショウ」、⑧では「ゾウ」になります。

3 ①の「職」と④の「織」は、つくりが同じ形でまちがえやすいので、意味と使い方のちがいを覚えましょう。
「職」…職業《しょくぎょう》・しゅう職《しょく》・職人《しょくにん》 などのように仕事やつとめに関係する意味で使います。

「織」…組織《そしき》 組み立てる意味があります。

51 4年生までのまちがえやすい漢字① 103・104ページ

1 ①なか ②ほうげん ③せきどう ④しき ⑤がんめん ⑥かざかみ ⑦いちば ⑧あまど ⑨きょうだい ⑩しんゆう

2 ①｛かぞく／けらい｝ ②｛とお／えんそく｝ ③｛ね／れんしゅう｝ ④｛わる／あくにん｝

3 ①記 ②黄金 ③分 ④教室 ⑤後半 ⑥着 ⑦定 ⑧相次 ⑨運命 ⑩調子

4 ①｛地／池｝ ②｛速／早｝ ③｛物／者｝ ④｛真／臣｝

52 4年生までのまちがえやすい漢字② 105・106ページ

1 ①つごう ②てっぱん ③ひめい ④おくじょう ⑤ひと ⑥こうふく ⑦きゅうめい ⑧じょげん ⑨しんりょく・うつく

2 ①しく／つか ②お／らく ③ばし／ほどうきょう ④しょうぶ／お

3 ①空港 ②寒 ③旅館 ④筆者 ⑤図表・発表 ⑥集中 ⑦返事 ⑧地球 ⑨屋根

4 ①話／放 ②調／帳 ③医／委 ④島／湯

53 4年生までのまちがえやすい漢字③ 107・108ページ

1 ①かいりょう ②やさい ③えいかいわ ④さんぎょう ⑤きょしゅ ⑥やくそく ⑦さいかく ⑧ふうけい ⑨しゅくじつ ⑩おり

2 ①しょうめい／て ②せきしょ／かんけい ③さいしょ／はじ ④でんき／つた

3 ①札 ②労働 ③積 ④失敗・反省 ⑤焼 ⑥単位 ⑦念願 ⑧年末 ⑨栄養

4 ①唱／章 ②健／建 ③付／府 ④令／冷

ポイント

4 ②～④は、同じ部分のある漢字です。それぞれの意味や使い方のちがいを覚えましょう。

④「令」…号令・条《じょう》令・令和 などのように、命じる意味やうやまう言葉として使います。

「冷」…冷静・寒冷 などのように、つめたいことに関係する意味で使います。

54 4年生までのまちがえやすい漢字④ 109・110ページ

1 ①たよ ②ねったい ③ふしめ ④かんさい ⑤な ⑥いど ⑦かお ⑧なお ⑨ふしぎ ⑩がた

2 ①そくめん／みぎがわ ②ようてん／かなめ ③しけん／こころ ④つ／つら

3 ①取材 ②感覚 ③説 ④期待 ⑤参考 ⑥共・働 ⑦目標 ⑧望遠鏡 ⑨指輪

4 ①群／郡 ②底／低 ③管／官 ④期／旗

ポイント

2 ④の「連」は、送りがなに注意して読み方を覚えましょう。

4 ②意味や使い方のちがいに注意しましょう。

「底」…底辺・根底 などのように、もののいちばん下、おおもとの意味で使います。

「低」…低地・最低 などのように、ひくい意味で使います。

55 5年生のしんだんテスト① 111・112ページ

1 ①いきお ②えいきゅう ③しんかんせん ④と ⑤へ ⑥さいがい ⑦と ⑧きょうみ ⑨なさ ⑩きこうぶん ⑪りえき ⑫せいかく

2 ①めんか／わた ②むちゅう／ゆめ ③せきにん／まか ④こうか／き

3 ①非常識 ②輸入 ③迷 ④平均 ⑤現 ⑥寄付 ⑦導 ⑧肥 ⑨往復 ⑩暴風 ⑪築 ⑫営

4 ①構／講 ②鉱／銅 ③限／眼 ④因／団

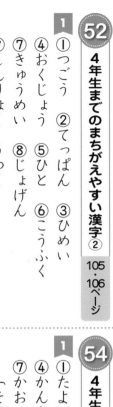

56 5年生のしんだんテスト② 113・114ページ

1
①ぞうげん　②しょくどう　③はんだん
④か　⑤しょぞく　⑥ねんりょう
⑦けわ　⑧けんさ　⑨きゅうゆう
⑩たいひ　⑪さんそ　⑫ぎじゅつ

2
① きょか／ゆる　② きんがく／ひたい
③ のうこう／たがや　④ りかい／と

3
①似　②墓地　③可能性　④余分
⑤清潔　⑥製造　⑦正義　⑧弁護士
⑨血液型　⑩務　⑪仮　⑫予報

4
① 織／職　② 制／刊
③ 圧／在　④ 貧／費

57 5年生のしんだんテスト③ 115・116ページ

1
①じょうけん　②むしゃ　③さくら
④せいせき　⑤ふたた　⑥こころよ
⑦しょうりゃく　⑧こうしゃ　⑨つみ
⑩ていか　⑪じゅうきょ　⑫せっ

2
① ようい／やさ　② こうりつ／ひき
③ しじ／しめ　④ そくてい／はか

3
①応用　②日程　③消毒　④意志
⑤規則　⑥豊作　⑦禁　⑧招待　⑨厚
⑩張　⑪賛成　⑫布

4
① 故／政　② 統／総
③ 適／過　④ 額／領

ポイント

4 ①～④は、同じ部首で形が似ている漢字です。使い方を覚えましょう。

③ 「適」…適切《てきせつ》・適当《てきとう》・快適《かいてき》
「過」…時が過《す》ぎる・過去《かこ》・過失《かしつ》

58 5年生のしんだんテスト④ 117・118ページ

1
①じったい　②さいし　③いんしょう
④やぶ　⑤ふくざつ　⑥こむぎこ
⑦けい　⑧ぞうきばやし
⑨じょうほう・え　⑩こうこく
⑪さんみゃく

2
① き／よろこ　② しゅうい／かこ
③ どくりつ／ひと　④ しゅうり／おさ

3
①歴史　②医師・救　③品質・保証
④設　⑤出版　⑥準備　⑦航空機
⑧絶　⑨入賞　⑩混雑

4
① 衛／術　② 技／枝
③ 授／提　④ 迷／述

ポイント

4 形の似《に》た漢字は書きまちがえやすいので、使い方のちがいを覚えましょう。

① 「衛」…衛生《えいせい》・守衛《しゅえい》
「術」…芸術《げいじゅつ》・美術《びじゅつ》

② 「技」…技能《ぎのう》・特技《とくぎ》
「枝」…小枝《こえだ》・枝道《えだみち》

つまずき解決《かいけつ》
小学ドリル
漢字カード
5年生
くもん出版

使い方
・点線で切り取ってカードにしましょう。
・カードをひっくり返して答え合わせができます。

同じ部分をもつ漢字
●——の読み方を答えましょう。
・大学の講堂《どう》に入る。
・建物の構造《ぞう》を学ぶ。

同じ部分をもつ漢字
●——の読み方を答えましょう。
・意見を主《しゅ》張する。
・手《て》帳に書きこむ。

同じ部分をもつ漢字
●——の読み方を答えましょう。
・往《おう》復の運ちん。
・複数《すう》のみかんを買う。

同じ部分をもつ漢字
●——の読み方を答えましょう。
・水泳の検定《てい》試験。
・ぼう険に出かける。

同じ部分をもつ漢字
●——の読み方を答えましょう。
・手を清潔《けつ》にする。
・精密《みつ》な機械。

同じ部分をもつ漢字
●——の読み方を答えましょう。
・ケーキの側面《めん》。
・きょりを計《けい》測する。

同じ部分をもつ漢字
●——の読み方を答えましょう。
・象がりんごを食べる。
・銅《どう》像ができる。

小学ドリル

つまずき解決《かいけつ》

漢字カード

同じ部分をもつ、同じ読み方の漢字は、まちがえやすいので、使い方のちがいをしっかり覚えよう！

5年生

くもん出版

◆同じ部分をもつ漢字

――を漢字で書きましょう。

・往《おう》ふくの運ちん。

・ふく数《すう》のみかんを買う。

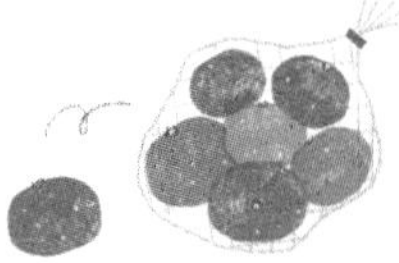

◆同じ部分をもつ漢字

――を漢字で書きましょう。

・意見を主《しゅ》ちょうする。

・手《て》ちょうに書きこむ。

◆同じ部分をもつ漢字

――を漢字で書きましょう。

・大学のこう堂《どう》に入る。

・建物のこう造《ぞう》を学ぶ。

◆同じ部分をもつ漢字

――を漢字で書きましょう。

・ぞうがりんごを食べる。

・銅《どう》ぞうができる。

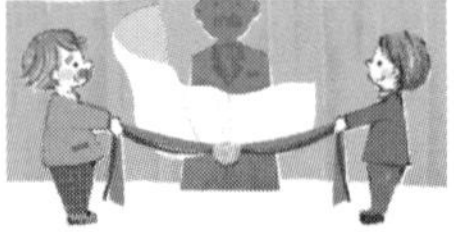

◆同じ部分をもつ漢字

――を漢字で書きましょう。

・ケーキのそく面《めん》。

・きょりを計《けい》そくする。

◆同じ部分をもつ漢字

――を漢字で書きましょう。

・手をせい潔《けつ》にする。

・せい密《みつ》な機械。

◆同じ部分をもつ漢字

――を漢字で書きましょう。

・水泳のけん定《てい》試験。

・ぼうけんに出かける。

小学ドリル
つまずき解決《かいけつ》 漢字カード

使い方
・点線で切り取ってカードにしましょう。
・カードをひっくり返して答え合わせができます。

5年生

くもん出版

同音異《い》義《ぎ》語《ご》
●——の読み方を答えましょう。
・プールを開放する。
・宿題から解放される。

同音異《い》義《ぎ》語《ご》
●——の読み方を答えましょう。
・絶対に勝つ。
・絶体絶命《ぜつめい》のピンチ。

同音異《い》義《ぎ》語《ご》
●——の読み方を答えましょう。
・意思が通じ合う。
・意志が固い。

同音異《い》義《ぎ》語《ご》
●——の読み方を答えましょう。
・アンケートに回答する。
・テストの解答用紙。

同音異《い》義《ぎ》語《ご》
●——の読み方を答えましょう。
・不思議な現象。
・体重が減少する。

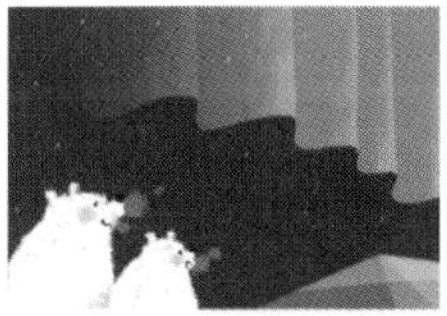

同音異《い》義《ぎ》語《ご》
●——の読み方を答えましょう。
・衛星を打ち上げる。
・衛生的《てき》な食品。

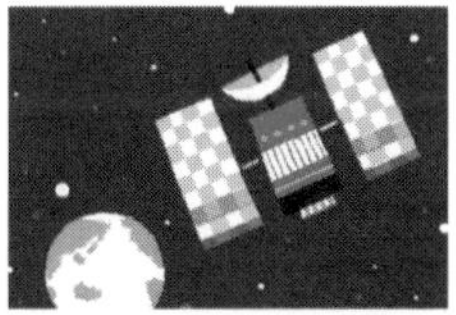

同音異《い》義《ぎ》語《ご》
●——の読み方を答えましょう。
・無実を証明する。
・部屋《へや》の照明。

小学ドリル
つまずき解決《かいけつ》
漢字カード
5年生

同じ読み方の言葉（同音異義語《いぎご》）はまちがえやすいので、使い方や意味のちがいをしっかり覚えよう！

くもん出版

◆同音異義語《いぎご》
――を漢字で書きましょう。
・いしが通じ合う。
・いしが固い。

◆同音異義語《いぎご》
――を漢字で書きましょう。
・ぜったいに勝つ。
・ぜったいぜつ命《めい》のピンチ。

◆同音異義語《いぎご》
――を漢字で書きましょう。
・プールをかいほうする。
・宿題からかいほうされる。

◆同音異義語《いぎご》
――を漢字で書きましょう。
・無実をしょうめいする。
・部屋《へや》のしょうめい。

◆同音異義語《いぎご》
――を漢字で書きましょう。
・えいせいを打ち上げる。
・えいせい的《てき》な食品。

◆同音異義語《いぎご》
――を漢字で書きましょう。
・不思議なげんしょう。
・体重がげんしょうする。

◆同音異義語《いぎご》
――を漢字で書きましょう。
・アンケートにかいとうする。
・テストのかいとう用紙。

小学ドリル
つまずき解決《かいけつ》
漢字カード
四字じゅく語

使い方
・点線で切り取ってカードにしましょう。
・カードをひっくり返して答え合わせができます。

5年生

くもん出版

四字じゅく語

・早起きは体にも心にも良くて、一挙両得だ。

――の読み方を答えましょう。

四字じゅく語

・城は、一朝一夕《せき》には完成しない。

――の読み方を答えましょう。

四字じゅく語

・どちらの洋服にも、一長一短がある。

――の読み方を答えましょう。

四字じゅく語

・楽しかった旅行の一部始終を話す。

――の読み方を答えましょう。

四字じゅく語

・運動会でクラスが、一心同体となる。

――の読み方を答えましょう。

四字じゅく語

・人の考え方は、十人十色だ。

――の読み方を答えましょう。

四字じゅく語

・百発百中のうでまえだ。

――の読み方を答えましょう。

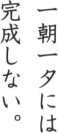

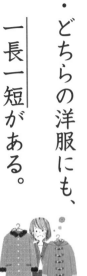

四字じゅく語

◆□に合う漢字を書きましょう。

・□《いっ》□《ちょう》□《いっ》□《たん》がある。

意味 良いところ、悪いところ両方あること。

四字じゅく語

◆□に合う漢字を書きましょう。

・□《いっ》□《ちょう》□《いっ》夕《せき》にはうまくならない。

意味 短い時間。

四字じゅく語

◆□に合う漢字を書きましょう。

・□《いっ》□《きょ》□《りょう》□《とく》を考える。

意味 一つのことをして、二つのよい結果が得《え》られること。

小学ドリル

つまずき解決《かいけつ》

漢字カード

四字じゅく語

5年生

くもん出版

四字じゅく語の使い方や意味をしっかり覚えよう！

四字じゅく語

◆□に合う漢字を書きましょう。

・あの人の予想は、□《ひゃっ》□《ぱつ》□《ひゃく》□《ちゅう》だ。

意味 予想や打った球が、みんな当たること。

四字じゅく語

◆□に合う漢字を書きましょう。

・食べ物の好みは□《じゅう》□《にん》□《と》□《いろ》だ。

意味 人の性格《せいかく》、好み、考え方などがそれぞれちがっていること。

四字じゅく語

◆□に合う漢字を書きましょう。

・□《いっ》□《しん》□《どう》□《たい》のような二人《ふたり》。

意味 二人《ふたり》以上の人が、心も体も結びついていること。

四字じゅく語

◆□に合う漢字を書きましょう。

・事件《じけん》の□《いち》□《ぶ》□《し》□《じゅう》。

意味 細かいことまで全て。

くもんの小学生向け学習書

くもんの学習書には、「ドリル」「問題集」「テスト」「ワーク」があり、課題や目標にあわせてぴったりの１冊と出合うことができます。

「お子さまが自分自身で解き進められる」次の一歩につながるこのことを、くもんの学習書は大切にしています。

くもんのドリル

●独自の**スモールステップ**で配列された問題と**繰り返し練習**を通して、やさしいところから到達目標まで、**テンポよくステップアップ**しながら力をつけることができます。

●書き込み式と１日単位の紙面構成で、**毎日学習する習慣**が身につきます。

- ●**小学ドリル**シリーズ　国／算／英
- ●**にがてたいじドリル**シリーズ　国／算
- ●**いっきに極める**シリーズ　国／算／英
- ●**夏休みドリル**シリーズ　国・算・英
- ●**夏休みもっとぐんぐん復習ドリル**シリーズ　国／算
- ●**総復習ドリル**シリーズ　国・算・英・理・社　※1・2年生はせいかつ
- ●**文章題総復習ドリル**シリーズ　国・算

くもんの問題集

●**たくさんの練習問題**が、**効果的なグルーピングと順番**でまとまっている本で、**力をしっかり定着**させることができます。

●基礎～標準～発展・応用まで、目的やレベルにあわせて、さまざまな種類の問題集が用意されています。

- ●**集中学習 ぐ～んと強くなる**シリーズ　国／算／理／社
- ●**算数の壁をすらすら攻略**シリーズ　（大きなかず／とけい など）
- ●**おさらいできる本**シリーズ　算（単位／図形）

くもんのテスト

●**力が十分に身についているかどうかを測る**ためのものです。苦手がはっきりわかるので、効率的な復習につなげることができます。

- ●**小学ドリル 学力チェックテスト**シリーズ　国／算／英

くもんのワーク

●１冊の中で**バリエーションにとんだタイプの問題**に取り組み、はじめての課題や教科のわくにおさまらない課題でも、しっかり見通しを立て、自ら答えを導きだせる力が身につきます。

- ●**読解力を高める ロジカル国語**シリーズ
- ●**小学1・2年生のうちに**シリーズ　理／社
- ●**思考力トレーニング**シリーズ　算・国

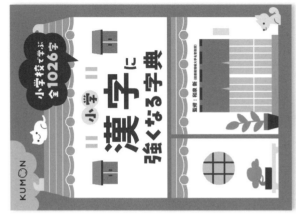

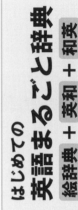

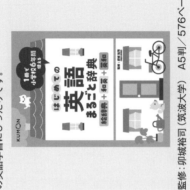

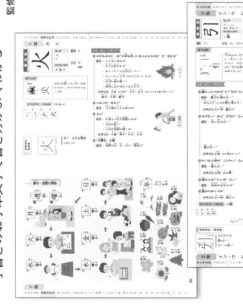